经典百年海战大观

日德兰海战

田树珍 ★ 编著

民主与建设出版社
·北京·

© 民主与建设出版社，2018

图书在版编目（CIP）数据

日德兰海战 / 田树珍编著 . -- 北京：民主与建设出版社，2018.7

（经典百年海战大观）

ISBN 978-7-5139-2013-1

Ⅰ.①日… Ⅱ.①田… Ⅲ.①第一次世界大战战役—海战—史料 Ⅳ.① E194.4

中国版本图书馆 CIP 数据核字（2018）第 040690 号

日德兰海战
RIDELAN HAIZHAN

出 版 人	李声笑
编 著 者	田树珍
责任编辑	吴优优
封面设计	朝圣设计
出版发行	民主与建设出版社有限责任公司
电　　话	（010）59417747　59419778
社　　址	北京市海淀区西三环中路 10 号望海楼 E 座 7 层
邮　　编	100142
印　　刷	湖南汇龙印务有限公司
版　　次	2018 年 7 月第 1 版
印　　次	2018 年 7 月第 1 次印刷
开　　本	710 毫米 ×1000 毫米　1/16
印　　张	15
字　　数	180 千字
书　　号	ISBN 978-7-5139-2013-1
定　　价	39.80 元

注：如有印、装质量问题，请与出版社联系。

前言

大海战 100 年

美国杰出的军事理论家马汉于1890—1905年间提出了制海权理论，其核心是"谁能控制海洋，谁就能控制陆地，进而控制整个世界"。因此，掌握全面制海权不仅是海军的核心任务，更是国家的战略目标，人类近代海战史充分印证了马汉这一理论。

近百年来，以美国、英国、法国、德国、意大利、日本为首的军事强国都在优先发展海上力量。在第一、第二次世界大战及近代几次战争中，这些国家通过海上封锁、破坏对方海上运输线、海上决战等方式，在一定海域内获得了制海权，进而实现了控制相关陆地的战略目的。

这其中，留给我们印象最深刻的是两次世界大战，无论是作战规模、作战样式，还是战争的惨烈程度都是空前的。在这两场战争中，海战这一古老的战争类型，由于使用了新武器、新装备，发生了革命性的变化。当德国的"俾斯麦"号和"提尔皮茨"号、日本的"大和"号和"武藏"号、英国的"威尔士亲王"号等超级战列舰被奉为"海战之王"时，以美国为代表的航空母舰及其战斗群横空出世，在一场场血与火的搏杀中表现出色，为美国最终赢得太平洋战争立下汗马功劳，名正言顺地取代了战列舰成为新的"海上霸主"。同时，随着人类科学技术的不断进步，核潜艇的出现又彻底打破了固有的海战模式，其强大的战略、战术威慑力，使之成为令人生畏的深海杀手。

为了再现近百年的大海战全景，我们精心推出"经典百年海战大观"系列丛书。这套书详细地再现了近百年来海战中的经典战例、著名战舰以及一些鲜为人知的人物故事，共20册，每册讲述一个独立的海战故事，书中涉及日德兰之战、珍珠港之战、珊瑚海之战、中途岛之战、瓜达尔卡纳尔之战、莱特湾之战、马里亚纳群岛之战、围歼"俾斯麦"号战列舰之战等海战史上至今仍然被人们津津乐道的经典战役。

进入21世纪，中国人民解放军海军迅速发展壮大，有力地保卫了祖国海防，但中国海军依然任重道远。要保护我们国家的利益，需要建设强大的海军，需要我们比以往任何时候都更加关注海洋、了解海战的历史。

目 录

第一章
各有杀招

★大战爆发后一个多月的时间内，德军遵循施里芬定下的基本方针，迅速穿越比利时向法国本土挺进。那时整个德国，甚至几乎全世界，都深信德军会很快取得胜利，巴黎即将被占领。然而，当德国人的胜利似乎唾手可得，法国人的灾难迫在眉睫时，协约国军却在马恩河畔转败为胜——这被人们称为"马恩河畔的奇迹"。

★新政策封闭了德国海军通往远海的大门，将其封锁在北海中。封锁线虽然较以往有所后撤，却并不意味着德国海军就能在北海自由航行。英国皇家海军本土舰队以平均每周两次的频率在北海北部进行攻势性扫荡，迫使德国"公海舰队"每次远航都要冒着与优势对手对抗的风险。

★1914年8月28日，天色渐亮，蒂里特带领"哈里奇分舰队"驶向赫尔戈兰岛西北方的预定集结点。他们需要的只是等盟友将敌人引出来，然后狠狠地打击。

1. 德国攻势 / 002
2. 远程封锁 / 017
3. 引敌出"港" / 031

第二章
海上争锋

★ 8点50分，古德诺终于找到了凯斯的"猎犬"号驱逐舰。两人见面却造成了更大混乱。凯斯发现从另一个方向出现了4艘轻型巡洋舰，又顺理成章地推定有4艘新的"敌舰"加入战斗。他扭头逃向"无敌"号战列巡洋舰所在方向，企图把"敌舰"引向"无敌"号战列巡洋舰的炮口下。

★ 黏住蒂里特不放的德国"斯特拉斯堡"号轻型巡洋舰和"科隆"号轻型巡洋舰见势不妙，立即掉头逃走。"斯特拉斯堡"号轻型巡洋舰成功逃脱，而"科隆"号轻型巡洋舰的运气不够好。贝蒂凭借战列巡洋舰的速度优势，轻松切断了"科隆"号轻型巡洋舰的退路，并始终将其保持在视线内。

★ 在赫尔戈兰湾战役中，德国水面舰艇部队惨败。德国海军元帅提尔皮茨毅然打出了他的王牌，亮出了撒手锏：潜艇。一时，大批德国潜艇倾巢出动，杀向正在庆贺海上胜利的英国皇家海军。

1. 意外"误会" / 044
2. "铁甲"争霸 / 055
3. 使"撒手锏" / 066
4. 配合作战 / 080

第三章

斗智斗谋

★ 1916 年 5 月 31 日，赫尔戈兰岛。德国先遣战列巡洋舰队已经出海，其任务是充当"诱饵"，吸引英国舰队前来。

★ 双方舰队开始拉近，距离 8 海里时，炮手们摩拳擦掌，一枚枚粗大的穿甲弹填进炮膛，炮塔开始转动，炮筒升至最大仰角指着对方。损管队已经就位，医疗官不时探头往外张望。等待已久的战斗终于要开始了，双方战舰在这么近的距离上相互打量，希佩尔要挽回名誉，而贝蒂则要补偿遗憾，11 艘巨舰逐渐拉近距离，沉重而缓慢。

★ 贝蒂所带舰队包括 4 艘战列舰和 4 艘战列巡洋舰，在舰队的南方，德国"公海舰队"的主力舰一艘艘出现在海平面上。首先是"罗斯托克"号轻型巡洋舰，四个烟囱是它的醒目特征。跟在后面的是望不到头的战列舰队，海平面上耸起一片桅杆和烟囱的森林。两旁伴随着蜂群一样的轻型舰艇——整整 22 艘战列舰，6 艘巡洋舰和 31 艘鱼雷艇——英国皇家海军第一次这么完整地打量对手。

1. 诱"狼"上钩 / 094
2. 巨舰对决 / 103
3. "王后"悲情 /115
4. "错译"闹剧 /127

第四章
混战大西洋

★时机把握得很好，托马斯第5战列舰队背后是浅黄色海平线，将舰影完全暴露；而德国舰队却躲在东方灰暗的天幕下，只有偶尔露出云层的夕阳才能勾出它们的影子。

★英国皇家海军本土舰队在干些什么？此刻，他们已经开到战场边缘，远处驱逐舰的炮声隐隐传来时，杰利科在"铁公爵"号战列舰的舰桥上不耐烦地等待侦察舰的报告，右舷远处的暮色中是炮口发出的点点火光。他既不清楚贝蒂所率领的舰队在哪里，也不知道德国"公海舰队"的方位。

★在舍尔逃跑之前，杰利科拒绝了参谋们的追击建议，因为在他看来，德国舰队现在正在远离自己的基地，他们肯定还要回来。与其把舰队投入一场互有损伤的平行炮战，不如将整个战列迅速转向90°，横挡在舍尔的东面。这样既截断了德国舰队的归途，又可以使自己的舰队再次处于"T"字阵形的横列的有利位置上。

1. 艰难坚持 /142
2. "阵形"忧虑 /153
3. 狭路相逢 /163
4. 自杀冲击 /176

第五章
都是胜利者

★这次撤退,他多少有些慌乱。如果杰利科抓住这次机会全军追击——这是极为诱人的想法,但杰利科没有。因为杰利科总是用情况不明来杜绝一切轻进冒险的企图。黑夜将至,可视度急剧下降,更严重的是,德国轻型巡洋舰施放的厚重烟幕有效掩护了德国"公海舰队"。

★在半小时后,惊魂未定的"卡斯特"号轻型巡洋舰才用无线电将交火过程报告给"铁公爵"号战列舰,但它既没有讲自己的方位,也没提到德国军舰的航向。波迭克则将那些情况详尽地报告给了舍尔,然后继续埋头向合恩礁前进。

★就战术而言,德国人的确是这场海战的胜利者。德国"公海舰队"向强大的英国皇家海军主力舰队发起了勇猛的挑战,希佩尔舰队重创了贝蒂舰队,舍尔准确的判断和优良的航海技术,使他成功地摆脱了占极大优势的杰利科的追击。然而就战略而言,德国海军没能打破英国的海上封锁,北海的制海权仍然被英国海军牢牢掌握,德国"公海舰队"困在港内毫无作用,仍然是一支"存在舰队"。

1. 截杀"公海舰队" / 188
2. 错失战机 / 198
3. 绝处逢生 / 209
4. 谁胜利了 / 220

第一章
各有杀招

★ 大战爆发后一个多月的时间内,德军遵循施里芬定下的基本方针,迅速穿越比利时向法国本土挺进。那时整个德国,甚至几乎全世界,都深信德军会很快取得胜利,巴黎即将被占领。然而,当德国人的胜利似乎唾手可得,法国人的灾难迫在眉睫时,协约国军却在马恩河畔转败为胜——这被人们称为"马恩河畔的奇迹"。

★ 新政策封闭了德国海军通往远海的大门,将其封锁在北海中。封锁线虽然较以往有所后撤,却并不意味着德国海军就能在北海自由航行。英国皇家海军本土舰队以平均每周两次的频率在北海北部进行攻势性扫荡,迫使德国"公海舰队"每次远航都要冒着与优势对手对抗的风险。

★ 1914年8月28日,天色渐亮,蒂里特带领"哈里奇分舰队"驶向赫尔戈兰岛西北方的预定集结点。他们需要的只是等盟友将敌人引出来,然后狠狠地打击。

1. 德国攻势

1914年7月28日，第一次世界大战爆发。世界上的主要国家大多数都卷入了这场战争。德国、奥匈帝国、土耳其、保加利亚等国属同盟国阵营，而英国、法国、俄国、意大利等国属协约国阵营。两大阵营各自发挥其优势，大打出手。战争初期最为精彩的是，德国凭着强大的陆军优势与英法联军的陆军在马恩河鏖战。

德国与法国有世仇。德国人的战争计划是由前总参谋长施里芬在1905年制订的，核心是：集中强大兵力于西线，通过防务空虚的比利时、卢森堡和荷兰，从侧翼包围法国，速战速决打败法国；然后挥师东进，集中力量去对付俄国。

战争爆发后，德军总参谋长小毛奇遵循其前任的计划，仅用9个师的兵力监视俄国，而在西线集中了7个集团军，共78个师，以梅斯（梅斯是法国东北部城市，离卢森堡边界很近）为轴心，分为左右两翼：左翼2个集团军，共23个师，守卫梅斯以南法德边境的阿尔萨斯和洛林地区的阵地；右翼5个集团军，共55个师，借道比利时、卢森堡和荷兰，突破法国北部边境地区。

自普法战争结束后，法军为报仇，从1872年起，就制订了一个又一个针对德国的"作战计划"——到开战前已有17个"作战计划"之多。最新"作战计划"是由法军总参谋长霞飞制订的，即"第17号计划"。"第17号计划"的核心是：针对德军将集结在设防的法德边境线上，法军要在这里展开积极主动的攻势，并一举收复在普法战争中失去的阿尔萨斯和洛林。

8月4日，德军右翼侵入比利时，遭到比利时军队的顽强抵抗。直到8月20日，德军右翼才占领布鲁塞尔。此时，法军几个主力集团军在按照"第17号计划"进攻左翼德军。但"第17号计划"很快被证明糟糕得很。在格林，法国第1集团军和第2集团军主动

小毛奇

进攻德军，却被德军打得焦头烂额。而德军右翼在占领比利时后，其5个集团军近百万人马从比利时斜插入了法国。走在最右面的是克卢克指挥的德军第1集团军约30万人，被视为德军右翼的主力，同时也是巴黎进军的主攻部队。第1集团军于8月24日由比利时进入法国境内，于8月25日攻占法国那慕尔。

法军总参谋长为阻滞德军右翼前进，从洛林战场调集兵力，组建了法国第6集团军，由毛奴里任司令。

9月2日，德军克卢克第1集团军先头部队挺进到距巴黎仅有24公里的地方。霞飞为阻遏德军右翼所做的努力已告失败，巴黎人心惶惶。然而，克卢克并没直接向巴黎前进，而是向东旋转，以配合比罗指挥的德国第2集团军，围歼法国第5集团军。这样，德军旋转战线上的侧翼就要从巴黎附近经过，并且还要横越法国第6集团军的前方。

霞飞当时没及时把握这个机会，还命令部队继续后撤，但巴黎卫戍司令约瑟夫·西蒙·加利埃尼看清楚了这一点。他兴奋地喊道："他们把侧翼送上门来了！德国人怎么这样蠢！我不敢相信有这样的事，这太好了。"他立即命令毛奴里的法国第6集团军准备攻击德军的右翼。同时，加利埃尼又打电话给霞飞，请霞飞批准攻击行动，但霞飞没表态。加利埃尼又驱车驶往英军司令部，希望赢得他们支持，但英军参谋长表示对攻击德军右侧翼的计划"不感兴趣"。

9月3日晚，克卢克率领德国第1集团军抵达马恩河。他所追

约瑟夫·雅克·塞泽尔·霞飞

赶的法国第 5 集团军和其外侧的英国远征军已在当天早些时候渡过了马恩河。这两支仓促退却、陷入疲惫和混乱之中的军队,虽曾一再接到炸毁桥梁的电令,但都未去执行。克卢克占领桥头堡之后,不顾柏林最高统帅部要他与比罗的第 2 集团军保持齐头并进的命令,准备于次日清晨渡河,继续追逐法国第 5 集团军。

这一天,德国第 1 集团军的官兵们行进了近 48 公里。据一位法国目击者说,德军士兵到达马恩河北岸附近时,"许多人倒在地上,疲惫不堪,只是迷迷糊糊地嘀咕着:'48 公里!48 公里!'累得别的什么也说不出来"。

克卢克累垮了他的士兵,也远远超越了他的给养车队和重炮队的供给能力。在他看来，法军在节节败退的情况下，不会听凭一声军号便可让法军有能力调头来攻击他的士兵。"他没料到法军中有一位叫加利埃尼的，正等着他疏忽大意呢！"

9月4日，克卢克一面向前挺进，一面直言不讳地告诉最高统帅部：他无法执行要他留在后面作为第2集团军侧卫的命令，要等

马恩河战役期间，一队德军士兵正准备发起攻击

比罗的第 2 集团军赶上来，势必停止进军两天。他认为，这将削弱德军的整个攻势，给法军以重整旗鼓、自由行动的时间。

事实上，比罗的第 2 集团军也同样疲惫不堪。于是，克卢克把最高统帅部的命令摆在一边，继续向东南推进，换言之就是准备从巴黎边上路过，而且越走越远。克卢克认为，消灭法军生力军远远比占领巴黎重要得多。

在柏林，从德国皇帝到普通百姓，都认为法军即将被彻底消灭，德国的胜利即将到来。只有总参谋长小毛奇心里充满疑惑："胜利者必然有俘获，但追击法军以来，我们的俘虏在哪儿呢？在洛林有两万，其他地方合计起来，也只不过一两万人而已，再说缴获的大炮数量也较少。法国人是不是在有计划地撤退呢？或者说他们存心把我们引入圈套呢？"

9 月 4 日早上，法军侦察机的报告使巴黎卫戍将军加利埃尼看到了他"必须立即行动"的时机。克卢克的德国第 1 集团军向巴黎东南方向冒险挺进，已使他的殿后部队成了毛奴里的法国第 6 集团军和英军进攻的目标。上午 9 点，在还未取得霞飞同意的情况下，加利埃尼就向毛奴里发布预令，让他命令法国第 6 集团军先做好战斗准备。然后，加利埃尼给总司令部打电话，请霞飞正式下达攻击的命令。但是，霞飞未置可否。

其实，霞飞也有反攻计划，而且计划里面也包括使用毛奴里的法国第 6 集团军进攻德军右翼外侧这个打算。霞飞希望再等一天时

经典 百年海战大观 日德兰海战

败退中的法国士兵

间，好让增援部队赶到，让第 5 集团军做好部署，让他有较充裕的时间争取英军配合。

听完加利埃尼的请求后，霞飞面对作战地图思考着。霞飞是个过于沉着的人。他可以整日地一言不发地坐在椅子上思考，而不管别人议论他什么。下午，当加利埃尼又打电话来时，霞飞终于批准让毛奴里的法国第 6 集团军从马恩河北岸发动进攻，并且于当晚 22 点下令法军其他部队停止后撤，于 9 月 6 日开始发动全面反攻。

然而，英国人却拒绝执行这项反攻计划。霞飞着急了，于 9 月 5 日下午亲自前往英军司令部，说服英军司令弗伦奇。最终，弗伦奇答应了霞飞的要求，并表示将"竭尽全力"参加战斗。

傍晚，霞飞回到自己的司令部，向法军发布了一项简短的动员令："我们马上就要参加一个会战。这是关系我们国家命运的一战。撤退的阶段已经结束，现在我们应全力以赴，向敌人进攻，并把他们逐回，部队倘若不能再前进，那就不惜一切代价守住阵地，宁肯战死而绝不后退。在当前情况下，任何示弱的行动都是不能容忍的。"

9 月 5 日，当克卢克的第 1 集团军经过巴黎东面，可以望见埃菲尔铁塔时，其右后方侧翼受到毛奴里的法国第 6 集团军袭击。

克卢克立即命令第 3 军和第 9 军回过头去对付毛奴里。而这两个军之前的任务是负责掩护德国第 2 集团军右翼。他们的返回，使德国第 1 集团军和第 2 集团军之间产生了一个宽达 32 公里的缺口。

面对着这个缺口的英军已经迅速地撤退,所以克卢克才敢冒这个危险。但对德军来说,取胜的关键就在于能否在法军主力和英军利用这一缺口突破它的腰部之前,击溃法军两翼,即毛奴里的第6集团军和福煦的第9集团军。

克卢克重点对付毛奴里的第6集团军。毛奴里快要顶不住时,请加利埃尼从巴黎城内速派兵增援。这一要求启发了加利埃尼。他组织了战史上第一支摩托化纵队,即马恩出租汽车队。加利埃尼令巴黎警察征集了大约600辆出租汽车,将1个师的兵力输送到战场增援,使毛奴里的第6集团军最终没被克卢克打垮。

9月6日凌晨,法军发起全线反攻:法国毛奴里的第6集团军继续与德国克卢克的第1集团军在奥尔奎河上激战;法国第5集团军也掉转头来,变撤退为进攻,狠狠咬住德国克卢克的第1集团军厮杀,并同德国第2集团军右翼交火;法国第4集团军和第9集团军则回头截住德国第3集团军、第4集团军,使德国第1集团军、第2集团军陷于孤立。

9月8日,关键时刻,弗伦奇率领英军的3个军悄悄地爬进了德国第1集团军和第2集团军之间的缺口,将德国第1集团军与第2集团军完全隔开,使克卢克和比罗面临着被分割包围的危险。于是,比罗遂在9月9日下令第2集团军撤退。

当时,克卢克的第1集团军虽暂时击败毛奴里,可此时他也处于孤立的境地,周围全部是英法联军,克卢克不得不于同一天也向后撤退。至9月11日，德军所有军团都后撤了。

至此，马恩河会战结束。协约国军粉碎了德军速战速决的计划，保住了巴黎，也使德国人丧失了其优先击败法国再转过身来对付俄国的唯一机会。

在这场会战中，交战双方先后投入150万兵力，伤亡人数将近50万以上。其中，法军损失25万人，英军损失1.3万人；德军损失22万人。

自大战爆发后一个多月的时间内，德军遵循施里芬定下的基本方针，迅速穿越比利时向法国本土挺进。那时整个德国，甚至几乎全世界，都深信德军会很快取得胜利，巴黎即将被占领。然而，当德国人的胜利似乎唾手可得，法国人的灾难迫在眉睫时，协约国军却在马恩河畔转败为胜——这被人们称为"马恩河畔的奇迹"。

马恩河之战的首功属于巴黎卫戍司令加利埃尼。他最早发现德国第1集团军向东转向，随即抓住时机，命令法国第6集团军攻击其侧翼。著名的"出租车运兵"也是由他主持的。

德国方面，针对马恩河之战也有着深刻的反思。主要原因出在总参谋长小毛奇身上。

德国皇帝威廉二世与小毛奇在青年时代便是朋友。威廉二世登基后，指派小毛奇接任参谋总长。小毛奇是老毛奇的侄子，长年在威廉二世身边，倍受重视，他深体威廉二世之意，且与皇亲国戚的关系非常融洽，深得威廉二世信任与王公大臣们喜爱。他

德国皇帝威廉二世

自知难以担任此重任，但威廉二世却当面应允"战时我会代而行之"。因为不谙军事，前任留下的"施里芬计划"就变成了他实施的战争"计划"。

德国前任总参谋长施里芬的作战计划的关键之处就是"东守西攻"。因为法国是德国最大的敌人，而俄国的国力虽强，但可借地障予以拖缓——这是处在强邻与地缘居中不利态势下的战略作为。后来，小毛奇修改了施里芬计划，从西线兵力部署的7∶1改为3∶1。如果以德军的机动战力，纵然是3∶1，应该也可以达成

第一章　各有杀招

坦克周围的英法士兵

从右翼攻略法国的目的。但错在小毛奇抽调兵力到东线，及皇太子和王公大臣们完全不明了施里芬计划的核心。要他们拒守诱敌，他们却要加强兵力，主动发动攻势，抢占战功，完全破坏了作战计划的精神。而小毛奇无法了解前线情况，无法控制前方军队，前线指挥官也不了解参谋本部，上下无法通联，导致德军战机尽失，一错再错。

既然战争机器已经开动，德国人显然不会轻易收手。1918年5—6月，德军在埃纳河地区实施进攻后，形成正面80公里、纵深60公里的马恩河突出部。第二次马恩河战役一触即发。

随后，德军统帅部计划在马恩河地区集中3个集团军兵力（第7集团军、第1集团军、第3集团军，共48个师，6353门火炮、约400架飞机），从蒂耶里堡、埃纳河地段突破协约国军的防线，尔后向巴黎发起进攻，以夺取战争的胜利。

法国第6集团军、第5集团军和第4集团军（共36个师，3080门火炮）采取纵深梯次配置组织防御，并准备适时转入反攻。

1918年7月15日0点30分，法军出其不意地对即将发起进攻的德军实施了猛烈的炮火反击。4点50分，德军第1集团军、第3集团军经3个多小时的炮火攻击后，在兰斯以东发起进攻，突破了法军第一道阵地，但在第二道阵地前被猛烈的炮火所阻。

德国第7集团军在若尔戈讷、圣埃弗雷兹地段突破法国第5集团军、第6集团军防线，推进了5～8公里，并强渡马恩河。法军航空兵和炮兵轰炸马恩河各渡口和桥梁,迟滞了德军前进。16日至17日,德军企图发展进攻,但未果。

在防御过程中,协约国军队增调部队准备反攻。联军总司令福煦决定由法第10集团军、第6集团军(25个步兵师、3个骑兵师,包括8个美军师、4个英军师、2个意军师,共2103门火炮、1100架飞机、500辆坦克)从马恩河突出部西侧对当面德军(18个师,918门火炮、约800架飞机)实施主攻,法国第9集团军、第5集团军从突出部东侧实施助攻,以解除德军对巴黎的威胁。

7月18日4点35分,法国第10集团军、第6集团军在徐进弹

一队德国士兵利用自行车快速行动

幕射击掩护下，未经炮火准备即在贝洛至丰特努瓦50公里正面上向德军发起反攻。当日，法军推进了3.2~8公里。19日，法国第9集团军、第5集团军从东面发起反攻。

德军伤亡惨重，于21日向马恩河北岸撤退。8月2日，协约国军队开始收复失地，至8月4日肃清马恩河突出部的德军。

双方战线在埃纳河和韦勒河地区趋于稳定。此役，协约国军队损失13.9万人，歼敌16.8万人，向前推进40公里，将防线缩短45公里，达成战役目的，并由此完全掌握战略主动权。德国想通过陆地战击败协约国军队，统一欧洲的梦想就此破灭了。

★法军总司令霞飞

约瑟夫·雅克·塞泽尔·霞飞（1852年1月12日—1931年1月12日），法国元帅、军事家。霞飞性格稳重，木讷寡言，虽略显迟钝，却极其坚韧，人称"迟钝将军"。

1870年，霞飞以工兵少尉身份入伍参加普法战争。1876年，他任营长，相继参加侵略中南半岛和塞内加尔的战争。1901年，他返回巴黎，晋升为旅长。1905年，他升任师长，1908年又被提为军长。1911年，新上任的法国陆军部长梅西米举荐他任最高军事委员会副主席兼法军总参谋长。

第一次世界大战爆发时，霞飞被任命为法军总司令。德军执行"施里芬计划"，从法军设防薄弱的方向攻入。霞飞在边境交战中接连失利。德军总参谋长小毛奇为一时的胜利所陶醉。霞飞指挥法军在马恩河战役中阻止了德军的进攻，粉碎了德军"速战速决"的计划，使西线战争从机动作战转入持久的阵地战阶段，保卫了巴黎，取得了巨大胜利。

之后，因法军在1916年的凡尔登战役和索姆河战役中取得胜利，霞飞名声大震。1916年12月，他被免去实职，改任法国政府军事顾问，同月晋升法国元帅。

1917—1918年，霞飞任法国驻美国军事代表团团长，后又任驻日本军事代表团团长。1918年12月被选为法兰西学院院士。1922年任法国国防委员会主席。

1931年1月12日，霞飞在巴黎病逝。

2. 远程封锁

在陆地战场，德国人没占到任何便宜，但协约国军队也没赢得多大胜利，德国依旧强大，依旧可与协约国军事对抗。因而，协约国也想发挥自身优势打击德国，迫使德国投降。尤其是当时海军占据统治者地位的英国，决定发挥海军优势，逼迫德国投降。

英国是个岛国，非常重视海上力量。在18至19世纪，处于巅峰时期的英国皇家海军惯于先下手为强，常常一开战便对敌国港口展开"近程封锁",阻绝其航运,禁闭其舰队。然而,烧煤、烧油的蒸汽军舰在续航力上远远不如风帆战舰。这就要求英国皇家海军花钱建造更多的军舰进行轮换,才能确保封锁线上始终保有足够数量的舰艇;而不断改良的水雷、鱼雷和潜艇也使得敌人军港周围的水域变得危机四伏。于是,在1913年,即第一次世界大战爆发的前一年,在经济和军事的双重压力下,英国皇家海军放弃了传统的"近程封锁"政策,开始对多年以来的头号假想敌德国采取"远程封锁"。

北海的地理形势构成了英国皇家海军"远程封锁"的基石,南北走向的不列颠岛将北海与大西洋基本隔断,只留下南北两个出口——地形大大降低了封锁难度。"海权宗师"马汉对此评论说:

日德兰半岛

第一章 各有杀招

德国"公海舰队"的阵容

"控制德国（通向大西洋）的通道乃是大不列颠不由自主的冲动。"

在开战前夕，英国皇家海军在北海水域有三支封锁舰队：第一支集中了全部无畏战列舰、超无畏战列舰和战列巡洋舰的英国皇家海军本土舰队，负责镇守北方出口；第二支由前无畏舰、驱逐舰和潜艇组成，用以将狭窄的南方出口——英吉利海峡封死；3.第三支则由轻型巡洋舰和驱逐舰组成的"哈里奇分舰队"，巡逻于北海南部，策应南北方向两支舰队的封锁活动。

新政策封闭了德国海军通往远海的大门，将其封锁在北海中。封锁线虽然较以往有所后撤，却并不意味着德国海军就能在北海自由航行。英国皇家海军本土舰队以平均每周两次的频率在北海北部进行攻势性扫荡，迫使德国"公海舰队"每次远航都要冒着与优势对手对抗的风险。

英国希望通过海上封锁与心理威慑并举，将德国海军牢牢压制在北海一隅的赫尔戈兰湾内。

德国舰队一直集结在赫尔戈兰湾内杰德河口的威廉港，却对英国的策略变化一无所知。多年以来，德国海军上下都坚信，好斗的英国人必然会在开战后立即攻入赫尔戈兰湾，对德国海岸展开"近程封锁"。对此，德国海军已经在各方面做好了针对性准备。

第一次世界大战德国海军官方战史作者奥托·格罗斯写道："战前，我们整个舰队的训练体系，甚至是一定程度上的造舰政策和某些特定的性能细节，都是基于英国人会用优势舰队封锁赫尔戈兰湾这一假设前提。"

一旦开战，德国将在赫尔戈兰湾内部署水雷、潜艇和轻型舰艇，利用内线优势逐渐消耗英国的封锁舰队。等到双方实力大致平衡时，德军再出动战列舰队，与英国皇家海军一决雌雄。

德军作为决战兵器的战列舰和战列巡洋舰，在平时全体熄火停泊在杰德湾内。这样，它固然可以减少机械损耗、简化保养，但也大大限制了主力舰队紧急出动的能力。首先，战列舰和战列巡洋舰的锅炉生火升汽过程很费时间；其次，吃水较深的战列舰和战列巡洋舰受到杰德河口水位的限制，只能在上下午各6小时左右的涨潮时间内通过，因此它们无法在赫尔戈兰湾和杰德湾之

闲暇时的英国水兵

间任意机动。考虑到有朝一日"公海舰队"主力参加湾内决战时需要足够的机动空间,德国海军高层还有意识地限制了水雷的布设范围。

1914年8月5日0点,英德两国进入战争状态。德国鱼雷攻击舰和扫雷艇在轻型巡洋舰的带领下驶出赫尔戈兰湾,却诧异地发现预想中的英国"近程封锁舰队"根本就不存在。

根据潜艇情报,德国人隐约猜到英国舰队正有意识地脱离接触,以免被消耗。不愿善罢甘休的德国海军决定坚持既定的消耗战思路,将战线向外延伸。在布雷舰和潜艇远赴英国海岸的同时,轻型舰艇的防区也渐渐扩大，但仍然不见英国人的踪影。

"远程封锁"虽然能稳妥地收获胜利，其过程却与英国民众的期待有相当大的落差。数百年来，根深蒂固的海上优势意识煽动着英国民众争强好胜的情绪。随着英军在陆地上节节败退，英国人急需一个胜利来振奋精神。然而，英国皇家海军本土舰队在赫尔戈兰湾外徘徊等待了3个星期，德国海军却一直闭门不出。

从开战之日起，罗杰·凯斯指挥的第8潜艇队就在赫尔戈兰湾内展开侦察。罗杰·凯斯很快就摸清楚了德国轻型舰艇的活动规律：湾内分内外两道巡逻线，另有数艘轻型巡洋舰支援其间。内线由扫雷艇日夜巡逻，外围原先只有白天巡逻，鱼雷攻击舰每天凌晨出发，中午到达防线最远端后返回，天黑后进港。开战后不久，德国海军增设了外围夜间巡逻并逐渐扩大防区，同时其行为也更富有攻击性，时常为了追击潜艇或打击英国渔船而追击到多格尔沙洲一带。

既然敌方主力不愿意走出海湾挨揍，罗杰·凯斯就决心杀入湾内，拿德军的巡逻队开刀。他的计划得到了"哈里奇分舰队"司令雷金纳德·蒂里特的强烈支持。

罗杰·凯斯启程前往伦敦海军部，却发现那里的人们都被开战后剧增的参谋事务缠住了手脚，没空搭理他，也没谁愿意看他的计划。为了实现他的计划，他便于23日登门拜访了时任海军大臣温斯顿·丘吉尔。

第一章 各有杀招

德国"公海舰队"的巡洋舰

年轻时的丘吉尔

此时，丘吉尔被英国民众和海军内部的求战呼声所逼迫，正需要一场攻势来抚慰国内的焦躁情绪，而海军部也在策划派遣陆战队在比利时港口登陆，有必要提前消除德国轻型舰艇的侧翼威胁。凯斯的出现恰逢其时，他那"简单而大胆"的计划很快就打动了丘吉尔。

第二天，丘吉尔召开海军部委员会会议。与会者除了他和凯斯以外，还包括第一海务大臣路易斯·亚历山大·蒙巴顿，第二海务大臣弗雷德里克·汉密尔顿，海军部战时参谋长弗雷德里克·斯图第，以及被连夜从海上召回的蒂里特。

会议确定了如下方案：将第8潜艇队的8艘潜艇分成两拨，3艘在赫尔戈兰岛西侧潜伏作为诱饵，5艘分头设伏。"哈里奇分舰队"的2艘轻型巡洋舰和31艘驱逐舰尾随德军下半夜返航的外围夜班巡逻队，从北面突入赫尔戈兰湾。日出后，诱饵潜艇上浮，把承担外围白天巡逻的德国鱼雷攻击舰引出来，蒂里特随后切断其退路，并予以歼灭。

整个计划要求快打快撤，尽量减少暴露在敌人大门口的时间，务必赶在德国援兵到来前结束战斗。为求保险，凯斯和蒂里特还要求从英国皇家海军本土舰队中调出威廉·古德诺第2轻型巡洋舰队中的6艘轻型巡洋舰作近接支援，还申请出动英国皇家海军本土舰队主力做后盾，以备不测情况发生。

英国皇家海军"林仙"号轻型巡洋舰

但是，海军部不允许因为一次小打小闹的突击而影响到英国皇家海军本土舰队的正常巡逻，拒绝了这一"非分"要求，决定派出巡洋舰 K 分舰队的 2 艘战列巡洋舰和 4 艘驱逐舰在赫尔戈兰岛西北方 35 海里处作远程掩护，派出巡洋舰 C 分舰队的 5 艘装甲巡洋舰在西面 90 海里处待命。行动日期定在 1914 年 8 月 28 日。

26 日午夜刚过，第 8 潜艇队就从哈里奇港启程前往战区。凯斯乘坐"猎犬"号驱逐舰随行指挥。蒂里特也在 8 月 26 日 9 点登上了新旗舰——刚服役的"林仙"号轻型巡洋舰。他原先的旗舰是"紫石英"号防护巡洋舰。"紫石英"号防护巡洋舰 1905 年服役，

约翰·杰利科

如今只能跑到18节，根本没法与航速29节的新型驱逐舰协同作战，蒂里特抱怨已久，直到出发前才领到了新旗舰"林仙"号轻型巡洋舰。"林仙"号轻型巡洋舰火力强，速度快，但服役才仅仅15天，各种设备还缺乏磨合和调校，28.5节的设计航速此刻只能达到25节，几门102毫米炮也经常卡壳。所以，当27日5点"哈里奇分舰队"动身时，"林仙"号轻型巡洋舰的战斗状态仍令人担心。

直到此时，英国皇家海军本土舰队总司令约翰·杰利科才得知存在赫尔戈兰湾突击计划。此前三天，杰利科一直随英国皇家海军本土舰队出海。海军部认为，这个计划一来无须调用杰利科的人马，二来也不属于这次巡航所急需的战术情报，没必要紧急通知正在海上的杰利科，只需作为一般的情况简报，通过海底电报发到英国皇家海军本土舰队的驻地斯卡帕湾，留待杰利科回港后阅读。

在26日上午，杰利科回到斯卡帕湾。读完那份内容简略的通报后，他感到忐忑不安，因为让大批轻型舰艇在缺乏支援的情况下突入赫尔戈兰湾实在过于冒险。然而，杰利科并无权力修改那个计划，因为作为名义上的"总司令"，他实际掌握的只是三支封锁舰队中的一支，对于海军部的计划只有建议之权。于是，杰利科两次向海军部发报，要求得到更多的计划细节，并委婉地建议于27日6点出动英国皇家海军本土舰队去压阵。

海军部参谋长斯图第收到这两份电报时，心情是复杂的。作为中将衔的战时参谋长，他与上将衔的杰利科之间关系本来就有些微妙。毕竟是斯图第在会议上驳回了让英国皇家海军本土舰队参战的提议，而现在军衔较高的杰利科却暗示想插一脚进来，让他感到权威受到了挑战。同时，他也担心这个冒险的作战如滚雪球一般越滚越大，最终把英国皇家海军本土舰队带进危险之中。于是，斯图第给了杰利科的回复：前一半是"无须战列舰队协同"，后一半是"如方便，可派战列巡洋舰支援"。

这个回复没提供派遣援兵所必须知晓的计划细节，但杰利科已经得到了想要的东西。根据他对回复重点的理解，他命令戴维·贝蒂第1战列巡洋舰队中的3艘战列巡洋舰和古德诺的第2轻型巡洋舰队于27日5点出动，与原定计划中的巡洋舰K分舰队会合，一同执行支援任务。

等到第二天舰队全部出港后，杰利科才向海军部报告他的决定。最终，杰利科的决断在28日拯救了英国人。

在出发时，贝蒂所掌握的全部信息也只是杰利科手中情况通报的寥寥数语。由于杰利科推迟向上汇报，海军部直到13点左右才直接发报给贝蒂，告知他"哈里奇分舰队"的位置和航向，但不知什么原因，却没通报本方潜艇的位置。

几乎与此同时，海军部又将贝蒂和古德诺来援的消息用电报转告哈里奇港。这份电报本该立即转发给已经出海的蒂里特和凯斯，却被错误地留在桌上等他们回来。

英国参谋人员这两次失职导致了危险发生。蒂里特和凯斯的部队原本以为湾内除了他们之外并无友舰。在 1914 年 8 月 28 日日出前，当蒂里特摸黑遭遇盟军古德诺时，着实如临大敌。从古德诺那里，蒂里特欣喜地了解到这次行动的支援兵力已经大大增强，但为了保持无线电静默，贝蒂、古德诺和蒂里特三人都没把这一利好消息通知凯斯。于是，凯斯和他的第 8 潜艇队仍然蒙在鼓里，对于贝蒂和古德诺的参与一无所知，以致以后作战中有了不小的困扰。

★大胆将军戴维·贝蒂

戴维·贝蒂 1871 年 1 月 17 日生于爱尔兰柴郡。1884 年 1 月，13 岁的贝蒂作为海军军官候补生登上"大不列颠"号训练舰，加入

戴维·贝蒂

了英国皇家海军。

贝蒂在军中一直表现出色，不断获得提升。1896—1898年期间，他担任尼罗河舰队副指挥，在埃及和苏丹镇压民族解放运动，并逐步被提升为战列舰舰长。1900年6月，在镇压中国义和团运动中，贝蒂在天津作战"表现突出"，同时他的手臂也两次受伤，最终被晋升为海军上校。

1910年，他39岁，成为一百年以来最年轻的获得旗舰资格的军官，即海军少将。1913年，他被任命为英国皇家海军本土舰队战列巡洋舰分舰队指挥官，晋升为中将。他任此职直至1914年7月28日第一次世界大战爆发。

由于时任英国皇家海军本土舰队总司令的约翰·杰利科担心贝蒂的莽撞个性将战列巡洋舰部队带入德军的陷阱，他分配给贝蒂分舰队的主要任务是巡逻和侦察，若发现敌人部队便在海湾拖住他们，直至主力部队到达。贝蒂好战的个性与杰利科过分沉着的性格是两个极端。"一旦抓住决不放手"是德国人对贝蒂的形容。

海务大臣要求第5战列舰队归贝蒂指挥时，杰利科极力反对："给的船越多，他的胆子越大。"

3. 引敌出"港"

1914年8月28日，天色渐亮，蒂里特带领"哈里奇分舰队"驶向赫尔戈兰岛西北方的预定集结点。他们需要的只是等盟友将敌人引出来，然后狠狠地打击。"林仙"号轻型巡洋舰率领第3驱逐舰队在前。在后方2海里处，"无恐"号轻型巡洋舰上的威廉·布朗特正在指挥第1驱逐舰队。

与往日不同，当天北海出奇地风平浪静，但在前方无风湿润的空气中，雾气却在渐渐凝聚，能见度很快降至5486米。尾随在9海里外，是秘密支援的古德诺第2轻型巡洋舰队。如果蒂里特遇到麻烦，古德诺第2轻型巡洋舰队的6艘轻型巡洋舰就可以就近支援。

贝蒂带领的战列巡洋舰队在一小时前与巡洋舰K分舰队会合，"雄狮"号战列巡洋舰、"玛丽王后"号战列巡洋舰、"皇家公主"号战列巡洋舰、"无敌"号战列巡洋舰、"新西兰"号战列巡洋舰排成单纵列待在蒂里特的"哈里奇分舰队"西北方26海里处，为此次作战提供远程掩护。

但是，根据海军部的命令，另一支远程支援部队，即巡洋舰C分舰队还远在西方85海里处，注定无法及时赶到战场。

"无敌"号战列巡洋舰

凯斯的第8潜艇队早已潜伏在了湾内：预定担当诱饵角色的"E-6"号潜艇、"E-7"号潜艇和"E-8"号潜艇浮出水面，向东面的赫尔戈兰岛前进，希望能引出德国鱼雷攻击舰队；"E-4"号潜艇、"E-5"号潜艇和"E-9"号潜艇埋伏在赫尔戈兰岛附近，准备攻击过路的德国军舰；"D-2"号潜艇和"D-8"号潜艇在埃姆斯河口占据战位，等待着出港支援的德军，以截击它们；凯斯本人带着两艘驱逐舰游弋在诱饵潜艇身后。

德国人起初并不知道英国人想引诱他们出战。作为第1侦察队司令，弗兰茨·希佩尔要留神照看自己的战舰；作为更高级别的巡洋舰队司令，希佩尔统领着德国"公海舰队"全部战列巡洋舰、装甲巡洋舰和轻型巡洋舰，在舰队出战时，由他统一指挥侦察部队，充当战列舰队的耳目；他的第三个头衔是响当当的"赫尔戈兰湾防御司令官"，这个职位在内线防御计划中的重要性更是不言而喻，对此他直接向德国"公海舰队"总司令弗雷德里希·冯·英格诺尔负责。这三项"帽子"所代表的重大责任使希佩尔患上了神经衰弱。

希佩尔的同事、第2侦察队司令莱布李希特·马斯同时兼任着"公海舰队"鱼雷攻击舰队指挥官，负责湾内巡逻的轻型水面舰艇也由他指挥。

英国皇家海军本土舰队在"铁公爵"号战列舰（右）带领下出海

1914年8月28日这一天，德军白天外围巡逻任务落在第1鱼雷攻击舰队的9艘鱼雷攻击舰肩上，危险性较小的内线巡逻则交给第3扫雷艇队的12艘扫雷艇。担任直接支援任务的"斯德丁"号轻型巡洋舰泊在赫尔戈兰岛东侧，而"弗劳恩洛布"号轻型巡洋舰则在岛的南面巡航。

不当值的舰艇散布在湾内各处。第5鱼雷攻击舰队停靠在赫尔戈兰岛码头，8艘轻型巡洋舰中的"美因茨"号轻型巡洋舰泊在埃姆斯河口，"阿里阿德涅"号轻型巡洋舰在杰德湾内，"科隆"号轻型巡洋舰、"斯特拉斯堡"号轻型巡洋舰、"斯特拉尔松德"号轻型巡洋舰、"科尔堡"号轻型巡洋舰在杰德湾西侧的威廉港，"但泽"号轻型巡洋舰和"慕尼黑"号轻型巡洋舰位于基尔运河西侧出口的布伦斯比特尔科克，"塞德利茨"号战列巡洋舰、"毛奇"号战列巡洋舰和"冯·德·塔恩"号战列巡洋舰也停在威廉港内。当天上午，杰德河口的最低水位出现，重型军舰要等到午后才能通过。

5点刚过，德国第1鱼雷攻击舰队的瞭望员似乎看到一艘处于水面状态的英国潜艇朝本方射出了两枚鱼雷。司令瓦里斯立即下令展开搜索队形向西追去，同时用无线电发出"湾内出现敌潜艇"的警报。停泊在赫尔戈兰岛的第5鱼雷攻击舰队随即开始生火，准备出发去消灭"那可恶的英国潜艇"。

7点，双方水面舰艇发生了首次接触。德国第1鱼雷攻击舰队此时已经向西毫无结果地搜索了两个小时，队形最右侧，也就是最北面的"G-194号"鱼雷攻击舰突然发现了向南穿雾而出的英国"哈里奇分舰队"。"G-194"号鱼雷攻击舰见势不妙，发现了英国人是以逸待劳，便扭头向东南方的赫尔戈兰岛逃去。求战心切的英国第3驱逐舰队第4驱逐舰队指挥官弗兰克·罗斯带着"月桂"号驱逐舰、"冒失"号驱逐舰、"莱山德"号驱逐舰和"拉厄提斯"号驱逐舰追了上去。

"G-194"号鱼雷攻击舰呼救的电波传到了威廉港。希佩尔下令值班的"斯德丁"号轻型巡洋舰和"弗劳恩洛布"号轻型巡洋舰先行迎击，其余8艘非值班的轻型巡洋舰也开始生火备战。为了节约时间，他们奉命备妥一艘就出动一艘，无须等候编队。

在接下来的几个小时里，8艘轻型巡洋舰陆续从各自的停泊地出发。按照希佩尔的计划，"美因茨"号轻型巡洋舰将从西面截断英国人的退路，另外7艘轻型巡洋舰则驶向北方集结，最终从西、北两面形成合围，把送上门的诱饵给吞了。

根据"G-194"号鱼雷攻击舰最初接触的报告，希佩尔判断10艘轻型巡洋舰足以解决已知的敌人，无须动用战列巡洋舰。

此时，杰德湾内天气十分晴朗，轻型巡洋舰零星出动的做法虽然有悖于兵法常理，但在较好的能见度条件下，落单的德国轻型巡洋舰即使遭遇优势敌人，也可以及早发现并在远距离上予以规避，乘坐"科隆"号轻型巡洋舰出阵的第2侦察队司令马斯也能在路途中或者交战时相对容易地收拢兵力，恢复应有的战术指挥。

在希佩尔看来，好天气可以将兵力分散的风险从大化小，自小化无。没有一个德国舰长想到要发报提醒希佩尔北海此时正是浓雾密布。

按照原定计划，蒂里特带领的英国"哈里奇分舰队"已经到了转向西面的时候，看到4艘驱逐舰一去不回。他担心罗斯第4驱逐舰队遭遇优势敌人吃亏，只好在暂时放弃向西扫荡的计划，带着主力向东赶去。

不远处，毫不知情的德国第5鱼雷攻击舰队正迎面开来。接到的通知是猎杀速度较慢的英国潜艇。他们急急忙忙地出发，此时刚把航速提高到21节。

当罗斯带着4艘驱逐舰追击"G-194"号鱼雷攻击舰的炮声传来时，德国人才意识到自己军舰的速度还不足以面对一场水面战斗。还没等他们完成撤退转向，英国"哈里奇分舰队"的大队人马便从雾中杀了出来。

一场持续半小时的追逐战爆发了，德国的鱼雷攻击舰向赫尔戈兰岛狂奔，试图寻求岛上210毫米岸炮的庇护。蒂里特率英国"哈里奇分舰队"紧紧地掩杀。英军占尽了场面上的优势，但糟糕的能见度影响了炮手的发挥，只将德国"V-1"号鱼雷攻击舰击成重伤。

很快，英国奋力突进的"哈里奇分舰队"又攻破了德国内线巡逻圈。德国第3扫雷艇队四散奔逃，"D-8"号扫雷艇的舰桥中弹，艇长阵亡。"T-33"号扫雷艇也受重伤。虽然德国军舰百般求助，

射击中的英国战列舰

但岸炮却因为浓雾障目而始终一弹未发。

8点左右，穷追猛打的蒂里特已经能够透过雾气依稀看到赫尔戈兰岛60余米高的红色峭壁。此时，德国的"斯德丁"号轻型巡洋舰和"弗劳恩洛布"号轻型巡洋舰赶来救场，才改变了形势。

英国驱逐舰自知不敌，立即按照条令规定停止追逐，退向己方巡洋舰。

双方巡洋舰一碰头便捉对厮杀。英国"无恐"号轻型巡洋舰的炮弹如雨点般落下。一时间，"斯德丁"号轻型巡洋舰一门105毫米火炮很快被击毁。既然已经达到了掩护友舰撤退的目的，同样没达到全速的"斯德丁"号轻型巡洋舰也不勉强对抗，掉头撤退了。

与此同时，英国的"林仙"号轻型巡洋舰却与德国的"弗劳恩洛布"号轻型巡洋舰陷入苦战。"林仙"号轻型巡洋舰虽然在纸面数据上显著优于1902年下水的"弗劳恩洛布"号轻型巡洋舰，但它磨合时间太短影响了战斗力。"林仙"号轻型巡洋舰上的2门102毫米炮卡壳，另有1门被打坏，鱼雷发射管报废。一时间，"林仙"号轻型巡洋舰上只有舰首的1门153毫米炮能够还击，场面极为被动。"林仙"号轻型巡洋舰中弹15发，但奇迹般的只有11死16伤。虽然"林仙"号轻型巡洋舰火力密度有限，但它的还击效率却很高。它一共击中对手10弹，其中一发153毫米弹命中"弗劳恩洛布"号轻型巡洋舰的舰桥，造成舰长以下37人非死即伤。"弗劳恩洛布"号轻型巡洋舰不得不拖着右倾的舰体退出战斗。

炮声渐息，"哈里奇分舰队"已看不到任何德国军舰的踪迹。

"弗劳恩洛布"号轻型巡洋舰

蒂里特开始重整编队，向东追击，他们离德国基地越来越近；而"林仙"号轻型巡洋舰在交战中受伤，轮机舱进水，航速降至20节，无法高速撤离。这两点对他们来说，都极为不利，是原计划时是极力避免这样的。

负责支援的古德诺第2轻型巡洋舰队收到了发生巡洋舰交战的消息，决定出手相助。8点10分，古德诺派出"诺丁汉"号轻型巡洋舰和"洛斯托夫特"号轻型巡洋舰向蒂里特所在的方向赶去。

8点15分，英国"哈里奇分舰队"开始回头向西，几乎立刻与尾随而来的德国第1鱼雷攻击舰队相遇。大多数德国军舰利用大雾的掩护绕过了英国舰队，舰队旗舰"V-187"号鱼雷攻击舰却迎来了急骤的弹雨。它急转南下，恐怖地发现前面赫然出现两艘英国轻型巡洋舰拦住了去路。南下的"诺丁汉"号轻型巡洋舰和"洛斯托夫特"号轻型巡洋舰无意中与"哈里奇分舰队"对德军形成了夹击之势。

三次齐射过后，"诺丁汉"号轻型巡洋舰和"洛斯托夫特"号轻型巡洋舰的射击变得越来越准确。德国"V-187"号鱼雷攻击舰决定孤注一掷，掉头返回。其急中生智似乎起了作用，英国人猝不及防。双方此时超过50节的相对速度也影响了命中率。德国"V-187"号鱼雷攻击舰居然毫发无伤地经过了第1艘英国驱逐舰。第2艘英国驱逐舰已经有了准备，很快就将德国"V-187"号鱼雷攻击舰打瘫在水面上。英军驱逐舰群围着受伤的对手转圈，102毫米炮

经典 百年海战大观 日德兰海战

英国皇家海军本土舰队的旗舰"铁公爵"号战列舰

在550米距离上扫射,把德国"V-187"号鱼雷攻击舰打成了漏勺,溢出的蒸汽混合着浓烟弥漫在舰上,不时因为火焰和爆炸而扩散。"V-187"号鱼雷攻击舰的火炮沉寂下来。它的命运已经注定。重伤的舰长下令安放炸药自沉。英国的驱逐舰也随即停火,放下小艇前去打捞生还者。

一部分德国官兵误会了英国人的好意。此刻,德国海军的旗帜仍在桅顶飘扬,并未降下表示投降。出于战士的本能,他们坚信小艇正载着的英国水兵是前来夺舰的。

为了宣布战斗还没结束,德国人的一门88毫米炮击中了182米外的英国"雀鹰"号驱逐舰。被激怒了的英国人立即恢复炮击。这时,"V-187"号鱼雷攻击舰上的自沉炸药也炸响了。9点10分,"V-187"号鱼雷攻击舰沉没。

海面上救援工作徐徐展开。然而，德国"斯德丁"号轻型巡洋舰全速冲出浓雾，猛烈开火。英国4艘驱逐舰抓紧时间召回了本方救援队员，随后丢弃小艇跑走。但"后卫"号驱逐舰的2艘小船划得太远，无法迅速收回，舰长不得不忍痛决定将连人带船抛下撤退。

随着双方军舰一追一逃消失在雾中，小艇上的10个英国人和28个德国俘虏似乎已经被遗弃。英国"E-4"号潜艇在不远处浮出水面。它在此地潜伏打援，有幸目睹了"V-187"号鱼雷攻击舰的沉没经过，也是它首先发现了接近中的德国"斯德丁"号轻型巡洋舰。在鱼雷攻击未果后，"E-4"号潜艇躲开了"斯德丁"号轻型巡洋舰的撞击，在水下避了一阵风头。当它的潜望镜再次探出水面时，双方军舰已经不知所踪，空旷的水面上有几条小艇正随波逐流，其中两艘居然还满满当当地载着人。

于是，所有英国官兵都被救上"E-4"号潜艇。由于空间有限，"E-4"号潜艇艇长只抽样选取了3名未受伤的俘虏——德军支队司令、一名准尉和一个水兵。小艇上的其他德国人则被释放。英国潜艇给他们留下了食物、水和一个标明了赫尔戈兰岛方向的罗盘。当天晚些时候，他们被遇到的德国船舰救起。

★婴儿杀手弗兰茨·冯·希佩尔

弗兰茨·冯·希佩尔于1863年9月13日出生在巴伐利亚维尔

海姆一个酿酒为生的家庭。1881年，他成为德国海军中的一名候补军官，在北海的扫雷艇上任职。

在1908—1912年间，希佩尔指挥过许多轻型装甲巡洋舰。1912年，他晋升为海军少将，并担任侦察分舰队指挥官。

从1912年到一次世界大战之前，希佩尔一直领导着"公海舰队"的侦察分舰队。当战争爆发后，希佩尔率领他的战列巡洋舰编队潜伏在北海海域。他的编队在战争初期多次实施了对英国海岸"打了就跑"的袭击行动。尤其是1914年11月3日对戈尔斯顿和12月16日对斯卡巴勒和哈特普尔的炮轰非常成功。但在这些偷袭性质的行动中也打死打伤了许多英国平民，以至于他被英国人称之为德国海军的"婴儿杀手"。

在对斯卡巴勒的袭击后，英国军方介于舆论的压力，决定努力寻找希佩尔的舰队，要在其疏忽之际将其摧毁。

第二章
海上争锋

★ 8点50分,古德诺终于找到了凯斯的"猎犬"号驱逐舰。两人见面却造成了更大混乱。凯斯发现从另一个方向出现了4艘轻型巡洋舰,又顺理成章地推定有4艘新的"敌舰"加入战斗。他扭头逃向"无敌"号战列巡洋舰所在方向,企图把"敌舰"引向"无敌"号战列巡洋舰的炮口下。

★ 黏住蒂里特不放的德国"斯特拉斯堡"号轻型巡洋舰和"科隆"号轻型巡洋舰见势不妙,立即掉头逃走。"斯特拉斯堡"号轻型巡洋舰成功逃脱,而"科隆"号轻型巡洋舰的运气不够好。贝蒂凭借战列巡洋舰的速度优势,轻松切断了"科隆"号轻型巡洋舰的退路,并始终将其保持在视线内。

★ 在赫尔戈兰湾战役中,德国水面舰艇部队惨败。德国海军元帅提尔皮茨毅然打出了他的王牌,亮出了撒手锏:潜艇。一时,大批德国潜艇倾巢出动,杀向正在庆贺海上胜利的英国皇家海军。

1. 意外"误会"

几乎与此同时，英国方面发生了一连串误会，误会的起因是参谋人员失职。

负责支援的古德诺率领第2轻型巡洋舰队，于8点10分派出2艘轻型巡洋舰后，又在8点30分带着其余4艘南下，准备支援蒂里特所率领的"哈里奇分舰队"向西的扫荡。对增援部队全然不知的凯斯看见2艘轻型巡洋舰远远经过，立即合乎逻辑地判定它们为"敌舰"。他手头仅有2艘驱逐舰，只得走为上策，同时向原定

"无敌"号战列巡洋舰

的支援部队"无敌"号战列巡洋舰发报求援。当然，他不知道现在是"雄狮"号战列巡洋舰上的贝蒂在指挥一支更大规模的战列巡洋舰队。古德诺截收到电文，并没意识到凯斯所说的"敌舰"其实是前去支援的"诺丁汉"号轻型巡洋舰和"洛斯托夫特"号轻型巡洋舰。他掉转船头前去救援。

8点50分，古德诺终于找到了凯斯的"猎犬"号驱逐舰。两人见面却造成了更大混乱。凯斯发现另一个方向出现了4艘轻型巡洋舰，又顺理成章地推定有4艘新的"敌舰"加入战斗。他扭头逃向"无敌"号战列巡洋舰所在方向，企图把"敌舰"引向"无敌"号战列巡洋舰的炮口下。他发报的口气也更急迫。

这封新的求援电报又被古德诺截获。了解到"敌情"严重，4艘轻型巡洋舰追得自然是更加起劲。不明所以的蒂里特带着"哈里奇分舰队"也凑上来添乱，因为他听说凯斯处境艰难，"遇到了德国6艘轻型巡洋舰"，同时也发报请求古德诺速速抵挡"敌舰"追击。

这场混乱一直持续到凯斯认出英国"南安普顿"号轻型巡洋舰方告结束。而此前，英国潜艇已经险些酿成一起误击事件。

大约在9点30分，"E-6"号潜艇在457米距离上向"南安普顿"号轻型巡洋舰连射两枚鱼雷。"南安普顿"号轻型巡洋舰急转避开后，高速冲上去试图撞击对方。"E-6"号潜艇依靠紧急下潜才勉强避过。

澄清了身份之后，古德诺和凯斯结伴向西航行。他们水面上有军舰，水下有潜艇，浩浩荡荡。此时，古德诺试图召回先遣的"诺丁汉"号轻型巡洋舰和"洛斯托夫特"号轻型巡洋舰，但两舰均未收到电报，也没卷入当天余下的战斗。

为了帮助凯斯，蒂里特率领的"哈里奇分舰队"于9点45分重新转向东面。这个决定需要冒相当大的风险。且不说"林仙"号轻型巡洋舰已经负伤，驱逐舰队因为高速机动而散落四处，此时整个西进计划也已大大落后于时间表。德国增援舰艇肯定正在迅速赶来。

蒂里特几乎马上就遇上了德国"斯德丁"号轻型巡洋舰——随后电报传来，蒂里特得知凯斯与古德诺之间已经消除误会，又做了一个180°回转。

在与德国"弗劳恩洛布"号轻型巡洋舰的恶战中，"林仙"号轻型巡洋舰的锅炉水管被打了个洞。这时，"林仙"号轻型巡洋舰的航速已不足10节。蒂里特决定利用战斗间隙进行紧急修理。

10点17分，"无恐"号轻型巡洋舰奉命靠上舷来。两舰并肩停泊，轮机声沉寂下来，修理小组上下忙碌。德国"斯德丁"号轻型巡洋舰仍在周围徘徊，不时在雾中穿进穿出，找机会反击英国海军。

10点40分，"林仙"号轻型巡洋舰的航速已经恢复到20节。除两门102毫米炮以外，其他火炮均恢复使用。当轮机重新轰鸣之

德国"科隆"号轻巡洋舰

时,德国人的反击也开始了。

德国的轻型巡洋舰原本是分散出动的。为了赶时间,德国第2侦察队司令马斯也没有刻意地在途中集结兵力。因此德国的轻型巡洋舰都是各自到达,并加入战斗,彼此之间缺乏联系和配合。蒂里特在报告中写道:"我们遭到一阵极为猛烈和精确的炮击。一次次齐射落在二三十米距离上,但无一命中。两枚鱼雷向我们射来,瞄得很准但射程不足。"

蒂里特的12艘驱逐舰投入反击后,一枚鱼雷擦过德国"斯特拉斯堡"号轻型巡洋舰舰首,另一枚在其舰尾下方滑过,却没有爆炸。吃了一惊的"斯特拉斯堡"号轻型巡洋舰扭头躲进雾中。蒂里特此时已经急着要脱离这块是非之地,但还没等他有所行动,德国的"科隆"号轻型巡洋舰又朝着他赶来。

蒂里特被迫再次回头接战。这一次，他把"科隆"号轻型巡洋舰认作是一艘火力强大的装甲巡洋舰，便向贝蒂求救。

贝蒂让古德诺再分出 2 艘轻型巡洋舰，但古德诺已经接受了上次分兵的教训。这一次，他要把部队牢牢集中在手上。于是，他带着全部 4 艘轻型巡洋舰驶来。在英军的鱼雷攒射之下，"科隆"号轻型巡洋舰不得不退却。蒂里特再次向西，4 个小时以来的一次次折返跑，已经弄得他身心俱疲。

德国总指挥希佩尔根据湾内密集的无线电通讯判断英军实力不弱。于是，他命令战列巡洋舰生火。他向总司令英格诺尔请求在第一时间出动战列巡洋舰。英格诺尔同意了，但河口水位仍然较低。

英国战列巡洋舰上 381 毫米口径的主炮

德军的战列巡洋舰过不去。

11点，当蒂里特疲于应付德国轻型巡洋舰走马灯式的进攻时，英国战列巡洋舰队司令官贝蒂和他的5艘战列巡洋舰、4艘驱逐舰正徘徊在西北26海里处。贝蒂整个上午都在监听湾内的电讯，知道凯斯与古德诺之间发生过误会，也知道蒂里特正在陷入困境。

蒂里特在4小时内断断续续地向西挪动了13海里，又在离赫尔戈兰岛仅18海里的敌方腹地被拖住了。德国援兵正不断到达，"斯德丁"号轻型巡洋舰、"弗劳恩洛布"号轻型巡洋舰、"斯特拉斯堡"号轻型巡洋舰、"科隆"号轻型巡洋舰都在附近不远处。即便有古德诺所带的兵力在场，也不足以确保英军占据上风。

更糟的是，贝蒂清楚地知道，德军在午后不久就可以出动战列巡洋舰甚至是战列舰队，如果那样的话，届时蒂里特面对的将是德国"公海舰队"，自己的5艘战列巡洋舰自保尚且存疑，更不用说救援。因此胜利的天平每一分钟都在向德国一边倾斜。

贝蒂在"雄狮"号战列巡洋舰的舰桥上来回踱步。作为此次行动的最高级军官，胜败就取决于他。贝蒂无法坐视蒂里特遭到围攻而无动于衷，但如果他挥师前去救援，就会将5艘宝贵的战列巡洋舰暴露在水雷和德国潜艇的威胁之下。

贝蒂在犹豫中向身边的"雄狮"号战列巡洋舰舰长厄尼·查特菲尔德征询意见："你觉得我们该怎么做？我应该前去支援蒂里特，

但如果损失一艘宝贵的战列巡洋舰,全国都不会宽恕我。"查特菲尔德事后承认,当时他并未肩负着像贝蒂那样的重大责任,脑子里只是"急切地想寻找刺激",便脱口而出:"我们当然要去!"

于是,贝蒂下定决心去救援。11点35分,英国的战列巡洋舰队向东南方急驰而去,航速26节,10分钟后又增速至27节——即便如此,他们也需要一个小时才能赶到战场。

英国人本来是想把德国舰队引出来,现在计划全乱套了,不得不进入德国人的领地去救盟友。

11点30分,蒂里特的旗舰"林仙"号轻型巡洋舰前方5海里处的前卫驱逐舰发现了德国"美因茨"号轻型巡洋舰。根据希佩尔的命令,"美因茨"号轻型巡洋舰从埃姆斯河口出航,只用了一个半小时就到了"哈里奇分舰队"前面。可见,蒂里特离德国海岸实在很近。

德国"美因茨"号轻型巡洋舰自南而北横越英军的舰首,并发动舷侧齐射,迫使部分英国军舰转而同它交战,以延缓英军西撤速度。"美因茨"号轻型巡洋舰的炮击准头不错,频繁形成跨射,但却无一命中。英国驱逐舰对"美因茨"号轻型巡洋舰发动鱼雷攻击,也同样落空。

在交火20分钟后,"美因茨"号轻型巡洋舰突然发现左舷前方出现了浓重的黑烟。这是古德诺所率领的4艘英国轻型巡洋舰赶到。"美因茨"号轻型巡洋舰立即右转脱离。刚好躲过了对方的第一次齐射，逃走的"美因茨"号轻型巡洋舰又一头撞上了英国"哈里奇分舰队"主力。蒂里特一声令下，英军20艘驱逐舰展开攻击队形，全速向敌舰突进。

腹背受敌的德国"美因茨"号轻型巡洋舰此时不断被炮弹击中。它绝望地将火力集中到来袭的驱逐舰身上反制鱼雷攻击。第4驱逐舰队的"月桂"号驱逐舰刚射出两枚鱼雷就挨了3发105毫米炮弹。"月桂"号驱逐舰的烟囱被打飞，弹药开始爆炸。舰长双腿负伤，但仍坚持留在舰桥上指挥。"月桂"号驱逐舰在蒸汽和煤烟的掩护下退出了战斗。跟在后面的"冒失"号驱逐舰被击中舰桥，舰长阵亡。"莱山德"号驱逐舰运气不错，没有中弹。"拉厄提斯"号驱逐舰却被一次齐射打中，失去了动力。

中弹起火的"美因茨"号轻型巡洋舰

见德国人几乎疯狂,英军33枚英国鱼雷急速射向"美因茨"号轻型巡洋舰。"美因茨"号轻型巡洋舰情况不妙,舰上起火,左侧轮机已经完蛋,舵被卡在右边——它根本无力躲闪鱼雷。12点15分,一枚鱼雷击中了它。它的舰体被猛烈的爆炸掀出了水面。卡死的舰舵带着它向古德诺的4艘轻型巡洋舰靠去。一名"南安普顿"号轻型巡洋舰上的军官写道:"我们向它逼近,每次齐射都能击中……"幸存者提供了更多的细节:"上层甲板上满是废墟、火焰、灼热和尸体……"

12点20分,"美因茨"号轻型巡洋舰舰长下令"自沉,全体穿上救生衣"。他跨出指挥塔,旋即中炮身亡。但舰务官拒不从命,下令继续战斗。一位英国军官面对此情此景油然生出敬意:"'美因茨'号轻型巡洋舰表现出不可思议的勇敢……我最后一次看见它时已是彻底的残骸,整个舰体中部已经沦为一个冒烟的地狱,但它仍用一门艏炮和一门艉炮喷吐出愤怒和抗争的炮火,就像一只受伤发狂的野猫。"

5分钟后,"美因茨"号轻型巡洋舰的抵抗终告停止。古德诺下令停火放下小艇,救起了86名德国人。

看到德国军舰甲板上挤满了移动不便的伤员,凯斯冒险把"猎犬"号驱逐舰靠上船舷。约有220人撤到了英国"猎犬"号驱逐舰上。一位在运送伤员时表现得非常积极的年轻德国军官此时却拒绝离舰。虽百般劝解,那军官只是站着不动,敬个礼,简短地说:"谢谢，不。"

"美因茨"号轻型巡洋舰于一小时后彻底沉没，那名德国军官最终还是获救了，该舰的另一个生还者是沃尔夫·冯·提尔皮茨，德国"公海舰队"之父阿尔弗雷德·冯·提尔皮茨的儿子。

★德国"公海舰队"之父阿尔弗雷德·冯·提尔皮茨

提尔皮茨1849年5月10日生于勃兰登堡科斯琴。他16岁时加入普鲁士海军。1881年，他被提升为海军少校。在任职期间，他对潜艇在战争中的潜在威力产生了浓烈的兴趣。

阿尔弗雷德·冯·提尔皮茨

到19世纪80年代，他已成为德国海军中的鱼雷专家。在1895年，他成为海军少将之后，于1896—1897年间在东亚指挥远东巡洋舰队。当时清朝政府在甲午战争中大败，各国掀起了一股瓜分中国的狂潮。提尔皮茨是个狂热的侵略者，认为英国在中国香港的基地不能满足德国海军的需要，趁机向清政府提出强租胶州湾，把青岛建成了德国海军东方基地。

1897年，提尔皮茨被任命为帝国海军大臣。帝国议会拨款7000万马克修建3艘战舰。当时德国海军只是一支近海防御力量。而英国皇家海军正处于全盛时代，提尔皮茨不但决意为德国创建一支真正的远洋舰队，而且还希望这样一支舰队能与英国皇家海军相匹敌。

1911年，提尔皮茨被提升为"公海舰队"总司令，并晋升为元帅。提尔皮茨并不希望和英国交战，但他想通过风险理论，极大地加强德国海军实力，能够威慑英国。

一战爆发时，德国已经能集合29艘战舰来对抗英国的49艘，其中无畏舰的对比为13∶20。在这样的力量对比下，提尔皮茨对于两军舰队作战保持悲观态度。从此，提尔皮茨把作战重点放在无限制潜艇战上。他试图采用隐蔽的消耗手法对付英国皇家海军，以达到平衡两军舰队力量的目标。

2."铁甲"争霸

不过，蒂里特还没有脱身。他此时仍尽力保持着战术指挥，而德国人却是一团散沙，"斯特拉斯堡"号轻型巡洋舰和"科隆"号轻型巡洋舰一次次钻出大雾，看到落单的英国军舰便想下手，当大批英国军舰杀到时又被迫退去。这种打法虽然威胁不大，却有效地拖住了蒂里特。

12点40分，一个巨大的灰色舰影突然自西方的雾中浮现。蒂里特心头涌起了某种大难临头的酸楚。但这种不愉快的感觉并没持续太久，随着瞭望员大声报出"我们的战列巡洋舰，雄狮"时，舰桥上的愁云在瞬间烟消云散。原来，贝蒂带着战列巡洋舰队赶来了。其他4艘战列巡洋舰也顺次出现在视线中。

黏住蒂里特不放的德国"斯特拉斯堡"号轻型巡洋舰和"科隆"号轻型巡洋舰见势不妙，立即掉头逃走。"斯特拉斯堡"号轻型巡洋舰成功逃脱，而"科隆"号轻型巡洋舰的运气不够好。贝蒂凭借战列巡洋舰的速度优势，轻松切断了"科隆"号轻型巡洋舰的退路，并始终将其保持在视线内。

在5486米距离上，"科隆"号轻型巡洋舰成了一个绝好的移动靶。"各舰也相继开火。"某英国军官在回忆录中写道，"不一会儿，德国军舰就被重型炮弹击中多次；它勇敢地用它那小小的102毫米（实为105毫米）炮瞄准我舰指挥塔还击。有人感觉到小不点的102毫米炮弹击中了指挥塔装甲，弹片嘶嘶地飞开了。几分钟内，'科隆'号轻型巡洋舰就成了一条废船。"

13点左右，一艘双烟囱的小个子德国轻型巡洋舰出现在贝蒂面前。这是刚刚抵达战场的"阿里阿德涅"号轻型巡洋舰。它对战况还懵懵懂懂，航线恰好横越过英国"雄狮"号战列巡洋舰舰首。"无敌"号战列巡洋舰和"新西兰"号战列巡洋舰此时已经明显落后于其他3艘新型战列巡洋舰，但贝蒂并不打算让它们留下来对付德国"科隆"号轻型巡洋舰。考虑到敌方的基地近在咫尺，德国主力随时可能出现，贝蒂决定尽可能地保持兵力集中。

"雄狮"号战列巡洋舰

在"科隆"号轻型巡洋舰身上刚发生过的一幕再次上演。英国人开始切换射击目标。在如此近的距离上,"阿里阿德涅"号轻型巡洋舰的蛇行闪避效果甚微,"第一次齐射在大约300米处形成近失弹,第二次的落点已非常接近,掀起的水柱淹没了前甲板"。

英国"雄狮"号战列巡洋舰的第三次齐射命中了目标,各舰也相继加入。英国战列巡洋舰在2700至5486米距离上射击了约10分钟。德国"阿里阿德涅"号轻型巡洋舰的中弹数量已经无法统计——它完全被大火和浓烟包裹。343毫米和305毫米的英国重炮面对两艘德国轻型巡洋舰,其结果自然毫无悬念,但英国炮弹也暴露出一些质量缺陷。在以非垂直角度击中装甲时,部分炮弹会发生碎裂,导致无法穿透装甲,只会给敌舰留下表面损伤和引发火灾。此外,英国引信的工作也不怎么可靠。"阿里阿德涅"号轻型巡洋舰的舰长注意到有些炮弹一触到缆绳就会爆炸,而另一些即使落水也不发火。他暗暗记在心里,如果侥幸生还的话,他要把这些写入报告。

即使是在一边倒的畅快战斗中,贝蒂心中的弦依然绷得紧紧的。此时,杰德河口水位已经升高,德国主力军舰可能已经在途中,随行的驱逐舰也发现了一些露出水面的水雷。13点10分,贝蒂抛开难逃一死的"阿里阿德涅"号轻型巡洋舰踏上回程,并向湾内全体英国舰艇发出撤退信号。此时,距他加入战场还不到40分钟。

13点25分，当经过仍漂浮在水面上的德国"科隆"号轻型巡洋舰时，"雄狮"号战列巡洋舰在2286米距离上用两个前炮塔齐射两次，把"科隆"号轻型巡洋舰的残骸送入了海底。

德国"阿里阿德涅"号轻型巡洋舰上由于灭火设备全毁，舰上的火势已经失去控制，官兵们集合到了前甲板上准备弃舰。他们向德国皇帝三呼万岁后齐唱国歌，伤员也参加进来。在一些士兵提议下，又为军官们欢呼三次。

14点之前，德国的"但泽"号轻型巡洋舰和"斯特拉尔松德"号轻型巡洋舰赶到。它们救起了"阿里阿德涅"号轻型巡洋舰上的

"塞德利茨"号战列巡洋舰

幸存者。有一段时间，"阿里阿德涅"号轻型巡洋舰上火势渐息、爆炸也减少了，舰长便准备要求"斯特拉尔松德"号轻型巡洋舰拖带。然而，在15点10分，"阿里阿德涅"号轻型巡洋舰突然倾覆沉没。

由于大雾，邻近的其他德国轻型巡洋舰逃脱了厄运。如果天气晴朗，它们在英国战列巡洋舰面前必定九死一生。"斯特拉尔松德"号轻型巡洋舰事实上已经与英国军舰遭遇，当时英国人正在痛打"科隆"号轻型战列舰。因为"斯特拉尔松德"号轻型巡洋舰与英国城级轻型巡洋舰一样都有4个烟囱，而大多数德国轻型巡洋舰只有3个，在雾中，英国人把它误认成古德诺的部下。"斯特拉尔松德"号轻型巡洋舰舰长意识到这一点后，决定将计就计，大胆地保持原航线，而不是转弯逃跑。等到英国人回过神来发出识别信号时，它已经驶进了雾中。

在整个战斗过程中，希佩尔几乎没得到什么战况报告。抱着"没有消息就是好消息"的心态，他认为计划正在顺利实施，但突如其来的噩耗无疑给了他当头一棒。

等希佩尔乘坐旗舰"塞德利茨"号战列巡洋舰加入战斗时，他只来得及看到"阿里阿德涅"号轻型巡洋舰的沉没。他们随后对下落不明的"美因茨"号轻型巡洋舰和"科隆"号轻型巡洋舰展开了一番搜索。但这次搜索只是敷衍了事，他们居然没发现近在咫尺的"科隆"号轻型巡洋舰的落水人员。刚到16点，他们便放弃救援返航,主要是为了赶在退潮前通过河口。

"科隆"号轻型巡洋舰落水官兵的命运极为悲惨。由于搜救不力,直到30日,德国军舰才在海面上一片身穿救生衣的尸体中间发现了该舰唯一的生还者——一个锅炉工。根据锅炉工回忆,"科隆"号轻型巡洋舰沉没时有大约250人跳水逃生,第二天还有60人活着,第三天只剩下他一个人。不完全统计,"科隆"号轻型巡洋舰死亡的人数超过500,马斯少将也在其中。

英国舰队撤出了战场。"无恐"号轻型巡洋舰拖带着失去动力的"拉厄提斯"号驱逐舰;姗姗来迟的巡洋舰C分舰队刚好客串了一回勤杂工的角色;"酒神祭司"号装甲巡洋舰和"克雷西"号装甲巡洋舰从各艘驱逐舰上接收了全部受伤的俘虏,随后驶往诺尔河口;"紫石英"号防护巡洋舰拖带重伤的"月桂"号驱逐舰。

日落后,蒂里特的旗舰"林仙"号轻型巡洋舰伤势再次加重,速度降到6节,不得不被友舰拖着前行。次日17点,"林仙"号轻型巡洋舰被拖进诺尔河口进行紧急修理。

在掩护撤退完成后。贝蒂向北返航。途中"利物浦"号驱逐舰带着86名俘虏离队驶向罗塞斯,主力则于30日傍晚回到斯卡帕湾。

赫尔戈兰湾之战是第一次世界大战英德之间的首次大规模海上交锋。胜利无疑属于英国。战列巡洋舰的压倒优势在此战中表现得淋漓尽致,充分证明了高速主力舰在前卫战中的重大作用。

在这次海战中,德国"美因茨"号轻型巡洋舰、"科隆"号轻型巡洋舰、"阿里阿德涅"号轻型巡洋舰、一艘 V187 鱼雷攻击舰遭击沉,"弗劳恩洛布"号轻型巡洋舰、"V-1"鱼雷攻击舰、"D-8"扫雷艇、"T-33"扫雷艇遭重创,损失包括马斯少将在内 1242 人,其中 712 人阵亡,336 人被俘。相比之下,英方的损失微不足道,舰艇无一沉没,只有"林仙"号轻型巡洋舰、"月桂"号驱逐舰、"冒失"号驱逐舰、"拉厄提斯"号驱逐舰受重伤,人员损失只有 35 死 40 伤,其中伤势最重的"林仙"号轻型巡洋舰上有 11 死 16 伤。

捷报传遍了不列颠,对于不了解过程、只在乎结果的大多数英国人来说,这个期盼已久的胜利无疑是一针兴奋剂。但对于局内人

英国海军一战时期的驱逐舰

士来说，这次辉煌的胜利与灾难之间只有一线相隔——它暴露出皇家海军在计划、通信、协同等方面的诸多问题。

海军部参谋长斯图第的大意使得计划中的支援兵力形同虚设。如果没有杰利科当机立断派出贝蒂和古德诺去支援，蒂里特所率领的"哈里奇分舰队"将会损失惨重。凯斯的计划考虑到了接近敌方基地、敌增援迅速的风险，为此特意出动诱饵潜艇，使预定战场移向西侧，然而"哈里奇分舰队"却被眼前的敌人所吸引，反而向东背道而驰，越陷越深。"林仙"号轻型巡洋舰过早受伤、友舰误认等原因又使西进磕磕绊绊，以至于被增援的德国轻型巡洋舰不断追上。计划中简单明了的"西进合围"，最后却演变成了极为尴尬的边打边撤，实在让人大跌眼镜。此外，参谋人员的通信失职也险些造成潜艇误击友舰的事故。

德国海军战前内线防御计划中最致命的错误就是想当然地认为：英国会在没重型舰只掩护的情况下派遣轻型舰艇攻入赫尔戈兰湾。基于这一假想前提，德国人自信地将削弱敌方封锁舰队的重任托付给薄弱的轻型水面舰艇部队，而将主力舰队留在港内。寄希望于用少量部队削弱对手，以保存主要力量迎接主力决战；对于现实而又紧迫的巡逻需求却重视不足，以致惨败。

希佩尔制订出了德国轻型巡洋舰各自为战的计划。但由于能见度有限，德国的轻型巡洋舰失去了灵活进退的选择权。它们面对兵力较为集中的"哈里奇分舰队"已经占不到什么大便宜，反倒成了

德国水兵吊装鱼雷

贝蒂和古德诺的猎物。

这场海战对德国的海军战略产生了重大影响。德军迎战英国舰队的把握也开始动摇。德国皇帝不愿意再让实力较弱、缺少胜算的海军承担风险。在他看来，在德国陆军打垮法国之后，一支实力完整的德国"公海舰队"将成为对英国和谈的重大砝码。于是，德国皇帝下令德国"公海舰队""保持守势，避免可能导致更大损失的作战活动"。

从9月份开始，德国海军在赫尔戈兰湾内大量布雷；轻型舰艇

德国公海舰队"国王"号战列舰

原本的巡逻大大减少，释放出来的兵力投入其他更为急需的任务；战列巡洋舰队从此不熄火地在杰德河口待命，并始终保持一个战列舰队处于战备状态；单舰作战也被严格禁止。

这些部署意味着由提尔皮茨倡导、德国海军为之精心准备十余年的"内线削弱——主力决战"计划在开战后仅仅实施了20多天就夭折了，取代它的是一心一意地"避战保船"。

★谨慎将军约翰·杰利科

约翰·杰利科是英国皇家海军元帅，为英国海军贡献良多。

约翰·杰利科于1859年12月5日出生在南安普敦，父亲是英国商船的船长。1872年，13岁的杰利科进入英国皇家海军。1886年至1888年，他在"国王"号战列舰上任射击上尉。这时，他已经是一位炮术和鱼雷进攻专家。

1897年元旦，杰利科晋升为海军上校，开始在军械委员会任职。1898年，杰利科任英国"森都里安"号战舰的指挥官。

1900年6月，他作为爱德华·西蒙率领的分舰队旗舰舰长，参加了八国联军侵华的战争。在镇压义和团运动中，他在陆上身负重伤，一颗子弹从此留在他的肺中。伤愈后，杰利科出任英国海军部第三大臣助理。1907年8月，杰利科晋升为海军少将，在大西洋舰队任职。1911年11月，杰利科成为海军中将，任英国皇家海军本土舰队副司令。

约翰·杰利科是无畏舰、鱼雷艇和潜艇的强力支持者。在1914年8月4日第一次世界大战爆发时，他被任命为英国皇家海军本土舰队司令，着手加强舰队的战斗准备。

1915年3月，约翰·杰利科晋升为海军上将。他相当谨慎，采用"远程封锁"战略，以斯卡帕湾作为英国皇家海军本土舰队的基地，静待德国舰队出现，对于海上作战采取谨慎的防御性态度。

英国皇家海军的主要任务是提供英国远征军的补给和保持对德国的经济封锁。杰利科做得非常成功，一直保持着对德国"公海舰队"的战略优势。

3. 使"撒手锏"

在赫尔戈兰湾战役中，德国水面舰艇部队惨败。德国海军元帅提尔皮茨毅然打出了他的王牌，亮出了撒手锏：潜艇。一时，大批德国潜艇倾巢出动，杀向正在庆贺海战胜利的英国皇家海军。

1914年9月22日拂晓，英吉利海峡出现难得的好天气，太阳虽然还未跃出海面，但朝霞已给大海抹上了一层金黄。3艘英国巡洋舰成一路纵队昂首西行，"阿布基尔"号轻型巡洋舰首当其冲，"霍格"号装甲巡洋舰和"克雷西"号装甲巡洋舰紧随其后。

3艘英国巡洋舰彼此间隔3.5公里，航速10节，在广阔的海面

"克雷西"号装甲巡洋舰

上执行封锁巡逻任务。英国海军部曾指示3艘巡洋舰：遇有德国舰船，一律予以击毁。

几乎在同一时刻，在奥斯但德西北海面上，德国的"U-9"号潜艇也在海面上四处游弋。

"U-9"号潜艇数据如下：水面排水量1616吨，水下排水量1804吨；水面最大速度19.2节，水下最大速度6.9节；水面续航力23700海里/12节，水下续航力57海里/4节；安全下潜深度165米；

德国"U-9"号潜艇

鱼雷发射管前4后2，共6具533毫米发射管；潜艇人员中有军官5人、士官19人、水兵32人。

6点时，"U-9"号潜艇发现西方水天线上，隐现出一个黑点。艇长韦迪根命令潜艇紧急下潜至潜望深度，密切注视黑点的动向。黑点越来越近，也越来越清晰，在"U-9"号潜艇的潜望镜上，一艘英国巡洋舰正迎面而来。

更令韦迪根兴奋的是，在第一艘巡洋舰后面，还紧跟着两艘。这三艘巡洋舰正是"阿布基尔"号轻型巡洋舰、"霍格"号装甲巡洋舰和"克雷西"号装甲巡洋舰。

命运之神对韦迪根似乎格外地偏爱。那时潜艇的航速远远低于水面舰艇，潜艇攻击战术只能是埋伏在目标必经航线附近截杀敌舰，一旦被目标甩掉，想要追赶那可是望尘莫及。大海茫茫，航线有无数条，像这样守株待兔式的作战，多是空手而归。如今面对这送上门的猎物，怎能叫韦迪根不兴奋呢？

"U-9"号潜艇悄悄地向英国巡洋舰接近。目标终于进入潜艇的最佳攻击距离。"鱼雷准备！潜艇做好速潜准备！"艇长韦迪根有条不紊地发出了指示，"第一鱼雷管准备发射！"……"预备——放！"

刹那间，第一枚鱼雷扑向毫无察觉的"阿布基尔"号轻型巡洋舰，"U-9"号潜艇则迅速向深处下潜。大约二十几秒之后，远处传来鱼雷的爆炸声。"阿布基尔"号轻型巡洋舰稀里糊涂地成了韦迪根的第一个猎物。舰船急剧下沉，抢救已是无望，舰长只好下达了弃船的命令，同时向后面的两艘巡洋舰发出求援的信号。

"霍格"号装甲巡洋舰上的水兵，先听到"轰隆"的一声巨响，

"U-9"号潜艇艇长韦迪根

随后发现"阿布基尔"号轻型巡洋舰渐渐下沉，但谁都没发现德国潜艇的踪迹。"霍格"号装甲巡洋舰舰长立即下令以最大航速前去救援。此时，"U-9"号潜艇又悄悄升至潜望深度，静待第二个猎物送上门来。

800米，700米……500米，"霍格"号装甲巡洋舰也进入了"U-9"号潜艇的攻击范围内。"第一、第二鱼雷管准备齐射！"……"预备——放！"随着发射命令，两枚鱼雷冲出鱼雷管，扑向"霍格"号装甲巡洋舰。"U-9"号潜艇的潜望镜还没来得及没水，就听到"轰""轰"两声巨响。"霍格"号装甲巡洋舰救人不成，也被击沉。

当"阿布基尔"号轻型巡洋舰发出求救信号时，"克雷西"号装甲巡洋舰也开足马力急奔而来。"克雷西"号装甲巡洋舰刚刚接近"霍格"号装甲装甲巡洋舰，就亲眼看见了"霍格"号装甲巡洋舰悲剧的上演。

难道两艘军舰会在同一位置触雷？机警的"克雷西"号装甲巡洋舰舰长产生了疑问。"注意观察海面，搜索敌人潜艇！""克雷西"号装甲巡洋舰舰长及时下达了戒备命令。炮手们迅速装填好炮弹，聚精会神地注视海面，等待着潜艇的再次出现。可是等了许久，他们仍然没有发现潜艇的踪迹。这时，"阿布基尔"号轻型巡洋舰已沉下海面，"霍格"号装甲巡洋舰也已严重倾斜，水面上到处都是拼命挣扎的英国水兵。

第二章 海上争锋

德国"恺撒"号战列舰

目睹着这一切,"克雷西"号装甲巡洋舰舰长心想德军定是心满意足而去了。他下令舰艇所有人员,一方面密切注视着水面情况,以防潜艇的再次出现,一方面迅速赶往出事区域,搭救幸存者。

然而,此时"U-9"号潜艇并没走远。过了十几分钟,韦迪根又悄悄地升起潜望镜,只见"克雷西"号装甲巡洋舰正全速向"霍格"号装甲巡洋舰方向奔去。"艇尾鱼雷准备发射!""第一枚鱼雷发射!""第二枚鱼雷发射!"几乎就在第二枚鱼雷跃出发射管的同时,"克雷西"号装甲巡洋舰的炮手也发现了"U-9"号潜艇。数十发炮弹雨点般地落在"U-9"号潜艇周围的海面,但无一命中。

受到炮击的德国潜艇正在下潜

两条泛着白色浪花的航迹直奔"克雷西"号装甲巡洋舰而去。"克雷西"号装甲巡洋舰没来得及采取任何措施,最后一枚鱼雷钻进了"克雷西"号装甲巡洋舰的肚子里,引起了一阵阵巨响。可怜的"克雷西"号装甲巡洋舰救人不成,反而连自己也没能逃脱出"U-9"号潜艇的狼口。

在短短一个小时内,"U-9"号潜艇接连击沉英军3艘万吨巡洋舰,造成1459名官兵阵亡。"U-9"号潜艇大获全胜,满载而归。

正当德国所有报刊都在大肆宣扬"U-9"号潜艇的战绩之际,

德国海军另一艘"U-21"号潜艇却创造了另一项更令世人目瞪口呆的战绩。

几乎就在"U-9"号潜艇击沉"阿布基尔"号等3艘巡洋舰同时,"U-21"号潜艇在艇长赫森指挥下也刚刚将英国"探路"号轻型巡洋舰送入海底。10月,"U-21"号潜艇又将一艘由英国向法国运送枪支弹药的"孔雀"号运输舰击沉。没过多久,"U-21"号潜艇又一次使一艘英国运煤的轮船消失于海上。

U型潜艇

1915年，赫森指挥"U-21"号潜艇进行了一次大胆的行动。他们闯入了被英军视为"圣地"的爱尔兰海。这里，海面上岗哨林立，戒备森严，水下处处都有英军布下的反潜水雷。到这里"觅食"，无异于虎口拔牙。然而，就在英国人眼皮底下，"U-21"号潜艇击沉了3艘英国舰船，甚至于一天夜里竟驶近英国海岸向附近的一个机场炮击。

当时许多人，包括德国人都不能理解赫森的举动：如果不是神经有问题的话，谁会拿自己的脑袋去冒险呢？从此，"U-21"号潜艇的艇长多了一个绰号——"海上疯子"。

1915年初，协约国的海军舰炮对土耳其实施了猛烈的袭击。土耳其政府请求德国给予支援，德国答应了土耳其的请求。德军决定派出潜艇前往地中海。没几天，"U-21"号潜艇驶出了威廉港。

"U-21"号潜艇只身穿过协约国层层封锁的直布罗陀海峡，航行4000余海里，最终抵达了亚得里亚海域。

在一个夜晚，"U-21"号潜艇乘着夜色悄悄地摸进了协约国在希腊角附近的海军锚地。这时，协约国做梦都不会想到德国潜艇来到了他们身旁。那天夜里，一切平安无事。

第二天清晨，希腊角附近风平浪静。赫森将潜望镜悄悄伸出水面，锚地里，密密麻麻摆着几十艘各型舰船。要收拾这些目标，对赫森来说简直易如反掌，然而麻烦的是那些庞然大物旁边窜来窜去的巡逻艇。

"凯旋"号战列舰

经过一番精心策划，赫森选中的首要目标是英国"凯旋"号战列舰。"凯旋"号战列舰是快速级战列舰的2号舰。该级舰原本是里德·爱德华爵士在1901年为智利海军设计，主要用于对付当时智利的潜在对手阿根廷海军的装甲巡洋舰。但为防止智利出手转给俄国，1903年12月3日英国政府购买了它。

"凯旋"号战列舰的标准排水量为11800吨，满载排水量约12000吨，舰长146.3米，宽21.65米，吃水7.6米，航速19节，14000匹马力双轴推进，人员802人，两座双联装254毫米主炮，左右两舷各装7门190毫米速射炮，同时装有457毫米鱼雷管两座。与英国本土众多的战列舰比较，它虽有强劲的副炮和较高的航速，但装甲防护比较薄弱，综合作战水平仅相当于二级战列舰。

赫森决定冒险一试。"鱼雷预备——放！"随着赫森一声令下，一枚鱼雷跃出发射管，直奔"凯旋"号战列舰而去。"轰隆"，只听一声震耳欲聋般的爆炸声，"凯旋"号战列舰巨大的身躯重重地摔向水面，激起了一股冲天浪柱。鱼雷还引起了舰内一连串的爆炸。几分钟后，"凯旋"号战列舰沉入海底。

"凯旋"号战列舰突然爆炸，引起了锚地的一阵骚动。巡逻艇、驱逐舰立即封锁了锚地出口。此时"U-21"号潜艇根本就没有跑的打算。当鱼雷跃出发射管时，赫森马上命令潜艇迅速下潜，向"凯旋"号战列舰方向驶去。"U-21"号潜艇藏在"凯旋"号战列舰残驱身旁，所以尽管英军向水下投掷了大量深水炸弹，却没有伤到"U-21"号潜艇。

入夜，英军的戒备稍稍放松下来。"U-21"号潜艇又悄悄浮了上来。赫森这次选择的目标是"尊严"号战列舰。经过仔细地观察，赫森还选好了逃跑路线。

"艇尾鱼雷管准备发射！""发射！"赫森果断地下达了攻击命令。

不一会儿，一声轰天巨响，"U-21"号潜艇又把"尊严"号战列舰送入海底。趁着英军混乱之机，赫森和他的"U-21"号潜艇悄悄地溜出了锚地。

第一次世界大战时期，战列舰是当之无愧的海上霸主。赫森和他的"U-21"号潜艇远离基地，单枪匹马闯进英军戒备森严的锚地，两天之内将两艘战列舰击毁，一举改写了德军潜艇史上新纪录。

在第一次世界大战中，赫森和他的"U-21"号潜艇共击沉了协约国近10万吨的船只，成为战绩最大的德国潜艇艇长之一。德国海军把他当作偶像来推崇，而法国人悬赏2万马克缉取赫森的脑袋。由此可见，赫森和他的"U-21"号潜艇当年何等风光。

潜艇作战让德国人尝到了甜头，他们开始疯狂地使用潜艇对付敌对国。1916年2月，德国海军部宣布了一种潜艇作战方法——"无限制潜艇战"，即德国潜艇可以事先不发警告，而任意击沉任何开往英国水域的商船，其目的是要对英国进行封锁。

在第一次世界大战开始后，德国就对协约国实施潜艇战，给予了英国商船和战舰以重大打击，后因担心美国等中立国的反对，不得不采取"有限制潜艇战"。但到1916年，德国海军部为打破因战争僵局而引起的经济困难，正式宣布实行"无限制潜艇战"。

实行"无限制潜艇战"后，协约国商船的损失由1月份的30万吨增至2月份的40万吨，再猛增至3月份的50万吨，直到4月份的85万吨。英国出海的商船中，平均每4艘就有1艘被击沉。当年，德国潜艇共击沉协约国商船2566艘，总吨位为573万吨，其中英国商船占3/5。而当年英国造船的总吨位只有270万吨。

为了击败德国潜艇，英国海军军部咨询了许多数学大家。根据概率，数学家们指出，集体航行是减少损失的最好办法。因此为维护海上交通线，英国海军部采取了"船队护航体系"的紧急措施，即将十几艘或几十艘商船编成船队，由驱逐舰或巡洋舰护送，往返于美国和英国之间。护航舰艇安装有声纳和深水炸弹，可反击德国舰艇，大大减少商船的损失。深水炸弹是一种用于攻击潜艇的水中武器，通常装有定深引信，在投入水中后下沉到一定深度或接近目标时引爆以杀伤目标。

随着反潜战术不断发展，德国潜艇的损失逐步增加。

英国水兵投放深水炸弹

在第一次世界大战期间,德国潜艇共击沉协约国商船5906艘,总吨位1320万吨,击沉军舰192艘。为打破德国的潜艇战,英国皇军海军共动员了5000艘舰艇和辅助舰船,最终挫败了德国的"无限制潜艇战"。

★深水炸弹的作用

深水炸弹通常是在内装大量高爆炸药,在被雷管引爆后产生大量的冲击波,通过海水的传导而破坏敌方潜艇的外壳而实现战术目的。

按其装备对象的不同,可分为舰用深水炸弹和航空深水炸弹两大类。深水炸弹是传统的、有效的常规反潜武器。第二次世界大战结束前,深水炸弹反潜一直是最主要的反潜手段,在战争中反潜战绩居水雷、巡航炸弹和舰炮之首。

战后,随着潜艇技术的发展,深水炸弹的投掷方式和投射距离已远不能满足现代反潜战的需要,它的反潜地位逐渐被鱼雷所取代。尽管深水炸弹在整个反潜战中下降到次要地位,但在近海反潜仍有一定的经济性和有效性,对付30米以内的潜艇效率比极高。

一战时,深水炸弹价格低廉,装药填充系数高,能在浅水使用,通常以齐射(投)散布覆盖方式攻潜。

4. 配合作战

在经过了长时期消耗战之后，为打破僵持局面，德国最高统帅部决定把战略重点西移，并发动了凡尔登战役。

凡尔登是英法军队战线的突出部，它像一颗伸出的利牙，对深入法国北部的德军侧翼形成严重威胁。德军和法军在这里曾有过多次交手，但德军皆未能夺取要塞。如果此次德军能一举夺取凡尔登，必将沉重打击法军士气。同时，占领了凡尔登，也就打通了德

凡尔登战场上正在收尸的德国士兵

索姆河边的包扎所

军迈向巴黎的通道。占领了巴黎，法国就不攻自灭了，剩下的英军、俄军就容易对付得多了。

1916年1月开始，德国军队悄悄结集部队准备攻击凡尔登。同时，德国明目张胆地向香贝尼增兵，做出要在香贝尼发动攻势的姿态。法军总司令霞飞果然上当了。自1914年德军无力攻克凡尔登而转移进攻方向之后，法国人认为凡尔登要塞的重要性已经消失。霞飞在1915年即停止强化凡尔登要塞。而此时德军向香贝尼移动的动作使霞飞异常警惕。他认为德军会向香贝尼进攻，然后从那里进军巴黎。然而，德国人却在继续往凡尔登方向悄悄结集兵力。

随着结集迹象渐渐明显和暴露，英法联军终于弄清了德军的真正意图。

霞飞慌了神，火速下令向凡尔登增兵。但到2月21日，仅有2个法国师赶到凡尔登。而这一天，德军开始向凡尔登进攻。德军炮兵团以猛烈的炮火轰击凡尔登要塞，然后德军陆军发起了冲锋。凡尔登战役的序幕拉开了。德军1000门大炮如雷霆一般轰击，轮番的冲锋一浪高过一浪。凡尔登法军拼命抵抗，但因增援部队只赶来2个师，加上原有的2个师，总共才有4个师的兵力。

德军为隐蔽主突方向，炮兵在宽40公里的正面上同时实施炮击。德国航空兵首次对法军阵地实施轰炸，摧毁部分防御阵地，并杀伤大量有生力量。16点45分，德军步兵发起冲击，当日占领第一道防御阵地。在以后4天中，又先后攻占第二道防御阵地、第三道防御阵地，向前推进5公里，占领重要支撑点杜奥蒙堡。

2月25日，法军统帅部任命第2集团军司令贝当为凡尔登前线指挥官（5月1日起，由尼韦勒继任），并调集一切可以动用的部队，决心在凡尔登与德军决战。2月26日，贝当下令夺回失地。法军经4天激战，损失惨重，没能夺回失地。

从2月27日起，法军利用唯一与后方保持联系的巴勒迪克—凡尔登公路，源源不断地向凡尔登调运部队和物资。法国一周内组织3900辆卡车，运送人员19万、物资2.5万吨。法军大批援军及时投入战斗，加强了纵深防御，对战役进程产生了重大影响。至

2月底，德军弹药消耗很大，且战略预备队未及时赶到，攻击力锐减，丧失了突破法军防线的时机。

1916年3月5日起，德军扩大进攻正面，将主突方向转移到默兹河西岸，企图攻占304高地和295高地，解除西岸法军炮兵的威胁，并从西面包围凡尔登；同时继续加强东岸的攻势，由急促攻击改为稳步进攻，但遭到了法军顽强抵抗，付出巨大伤亡后仅攻占了几个小据点。4—5月间，德军集中兵力，使用了喷火器、窒息性毒气和轰炸机，对西岸法军实施重点突击，但步兵进抵304高地和295高地一线后，遭到法军炮火猛烈反击。5月底，德军被迫停止

德国"齐柏林"式飞艇

进攻。

在东岸，法军频繁轮换作战部队，不断实施反击，与德军反复争夺，迟滞了德军进攻。6月初，德军再次发动大规模攻势，经7天激战，切断了沃堡与法军其他阵地的联系，迫使沃堡的守军于6月7日投降。6月下旬，德军首次使用光气窒息毒气弹和催泪弹猛攻苏维耶堡，在4公里宽的正面上发射11万发毒气弹，给法军造成了重大伤亡。德军一度进抵距凡尔登不足3公里处，但终被击退。

俄军1916年夏季进攻战役和西线索姆河战役开始后，德军在凡尔登方向未再投入新的兵力，尔后的进攻行动只是为了牵制法军。经数月苦战，德军虽在凡尔登以北、以东地区楔入法军防线7～10公里，但未能获得战役突破。9月2日，德国皇帝批准停止进攻。

10月24日，法军发起大规模反攻，于11月初收复失地。12月15日至18日，法军再次发动反攻，基本收复被德军攻占的阵地。战役至此结束。

在10个月交战中，双方共投入200万兵力，发射了4000万发炮弹，伤亡人数近百万，创造了战争史记录，使凡尔登成为"绞肉机"和"人间地狱"。

此役是典型的阵地战、消耗战。双方参战兵力众多、伤亡惨重。法军损失54.3万人，德军损失43.3万人。这次战役是第一次世界大战的转折点，德国从此逐步走向失败。

凡尔登战役让德国陆军陷入持久作战的困境，德国企图在陆上结束战争的梦想破灭了。德国最高统帅部不得不改变初衷，把战略重心转到海上。

就在陆军拼命争夺凡尔登时，为了突破英国的海上封锁，扭转被动局面，德国海军也在海上寻找机会与英国进行决战。

德国海军部对德国"公海舰队"司令部进行了调整，任命莱茵哈特·舍尔为舰队司令。舍尔虽雄心勃勃，但残酷的现实令他沮丧地发现，面对实力强大的英国皇家海军本土舰队，摆在他面前的现实非常残酷：要么老老实实地待在海港里做缩头乌龟，要么冲出海港去和英国皇家海军本土舰队杀个鱼死网破。

被击落的"齐柏林"式飞艇残骸

莱茵哈特·舍尔

舍尔是个好斗分子，但他却异常冷静——他不敢拿整个德国"公海舰队"做赌注，贸然同强大的英国皇家海军本土舰队进行海上决战。

一切需要从长计议，舍尔制订了一个富有进攻性的大胆计划——"诱狼战术"，即首先以少数战列舰和巡洋舰沿着英国沿海地区进行了一系列"打了就跑"的袭击，诱使部分英国舰队出来追击。然后，如果形势对德军有利的话，德军便集中"公海舰队"的主力集体歼灭英国出来追击的军舰，一步步削弱英国海军的实力，最终在决战中击败英国皇家海军本土舰队。

为实现这一计划，舍尔集中部分战舰，用了4个月时间，派出战列巡洋舰、潜艇和"齐柏林"式飞艇，多次袭击英国东海岸，并实施布雷和侦察行动。

"齐柏林"式飞艇是第一次世界大战德国使用的一种新的作战样式。它是德国设计师斐迪南·冯·齐柏林发明的一种飞行器,飞艇上有一个用金属丝缠着的铝壳,铝壳外面裹着装有 16 个氢气囊的棉布。两台 16 马力的发动机使飞艇速度达到每小时 23 公里,它曾担任大西洋两岸重要的商业飞行。大战爆发后,各国军事将领们注意到飞船高高在上的功能,因此改将其投入到战场上,担任空中轰炸或侦察的任务。

在战争爆发后,德国陆军和海军都建立起了各自的飞艇舰队。

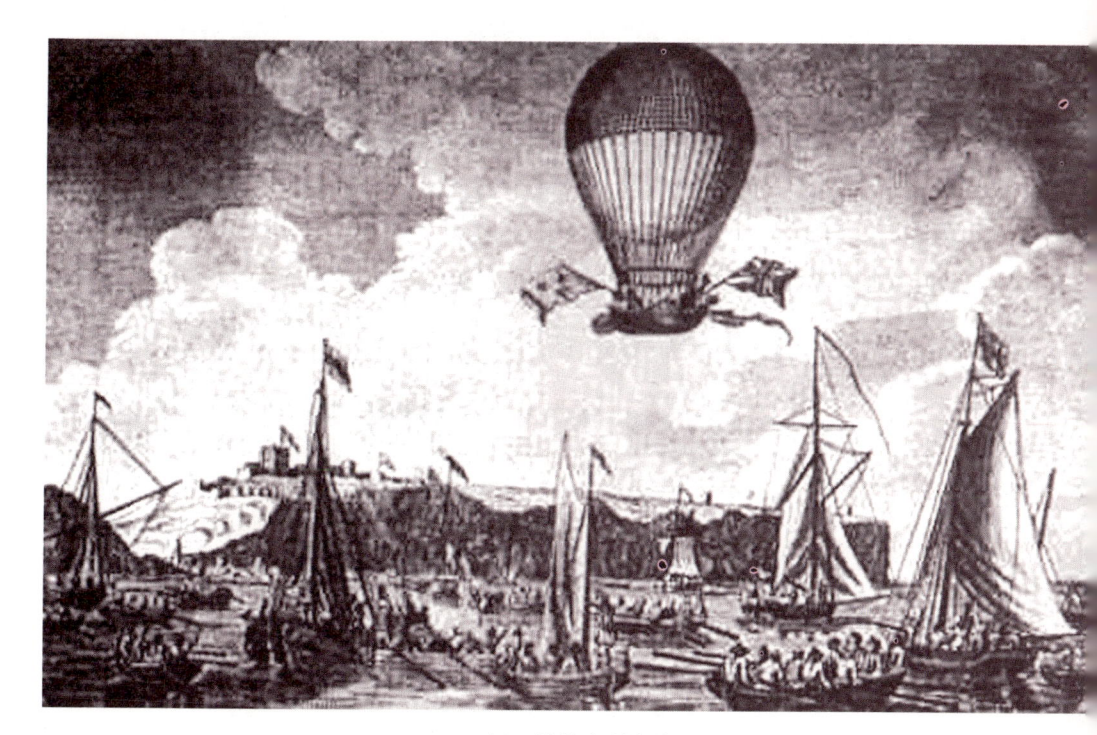

飞艇飞越英吉利海峡

一战时德军的超级武器"巴黎大炮"

德国海军通常使用齐柏林公司制造的铝制龙骨飞艇，编号为L开头。德国空军的飞艇则通常是由舒特—朗茨公司制造的木制龙骨飞艇，编号为SL。SL型飞艇因重量问题而没被德国海军接受。无论海军还是空军的飞艇，在开战后都开始执行轰炸英国的任务，企图从空中摧毁英国的工业基地，打击英国的士气。

早在1914年8月5日夜，"Z-6"号"齐柏林"式飞艇成功地轰炸了比利时的列日要塞。8月26日，德国飞艇对安特卫普实施了一周轰炸。8月30日，德国飞艇空袭了巴黎。1915年1月19

日，德国飞艇开始轰炸英国本土。这种对己方军事手段过于自负的思想，在 20 世纪初欧洲各大强国以军国主义为圭臬的总参谋部官僚们来说，是一种普遍现象。就像同时代的"巴黎大炮""不沉战舰"，德国军方天真地认为，"齐柏林"式飞艇是他们手中的一门终极武器——飞艇一出，无往不胜，无坚不摧，诸国降伏。

当然，对第一次世界大战爆发时尚幼稚得可怜的飞机来说，也没有力量去阻止"齐柏林"式飞艇的光临。能够在夜间作战的飞机几乎没有，而一般飞机即使发现了飞艇，唯一能做的事也不过是在它粗厚的外皮上戳两个小洞洞。

当时，唯一能够阻止"齐柏林"式飞艇轰炸英国的，就是北海

英国战列舰的前主炮

上空变化无常的气候。"齐柏林"式飞艇通常在傍晚从德国本土的库克斯港、科隆和杜塞尔多夫等处基地起飞，华灯初上时到达英国上空。

因为当时英国人还没意识到战争期间需要灯火管制，因而英国城市的路灯和房屋里面透出来的灯火是"齐柏林"式飞艇最好的路标。扔下搭载的危险物品之后，"齐柏林"式飞艇掉头就东飞，于第二天黎明之前便能返回德国。

1915年1月19日，德国"齐柏林"式飞艇第一次从1500米高空空袭了东英格兰。

5月31日，德国陆军"LZ-38"号飞艇在林纳茨指挥下首次空袭了伦敦，炸死7人，炸伤31人。

6月7日凌晨，"LZ-37"号飞艇在法国加莱附近被英国皇家空军飞行员用6公斤的小型炸弹击落。10月20日，德国陆海军又有11艘"齐柏林"式飞艇去轰炸伦敦，但其中3艘毁于风暴。

在德国使用潜艇和"齐柏林"式飞艇袭击英国东海岸以后，1916年5月中旬，舍尔命令希佩尔率领5艘战列巡洋舰、5艘轻型巡洋舰和30艘驱逐舰，组成"佯动舰队"，引诱英国舰队出港。

另外，一支由16艘大型潜艇、6艘小型潜艇以及10艘大型"齐柏林"式飞艇组成的侦察保障部队，已预先在英国海域和北海海域展开，严密监视英国海军动向。

★野心勃勃的莱茵哈特·舍尔

莱茵哈特·舍尔是一位雄心勃勃而卓有能力的将领,勤奋而且意志坚定。1863年9月30日,舍尔出生于汉诺威奥本科琴,父亲是朱利叶斯·舍尔。

舍尔似乎很珍惜自己的名字,以至于当德国皇帝授予他贵族头衔后,他拒绝在名字中使用"冯"字,而是保持原状。

1879年4月,舍尔作为海军军校生加入德国海军。在19世纪80年代,舍尔建立了作为鱼雷专家的声望。1893年4月10日,舍尔成为海军上尉。1900年4月9日,舍尔成为海军少校。1907年,舍尔开始担任战列舰舰长。1910年1月27日,舍尔成为海军少将。随后,舍尔被时任德国"公海舰队"司令海宁·冯·霍尔登道夫任命为参谋长。

三年后,舍尔成为第二战斗集群指挥官,并晋升为中将。1916年1月24日,舍尔成为德国"公海舰队"指挥官后,雄心勃勃的他决定改变前任采取的消极态势。他计划在即将进行的决战之前先设法削减英国皇家海军的优势。

就这样,舍尔果断地决定在1916年5月下旬将英国皇家海军本土舰队拖入一场战斗。他的意图在于分散英国皇家海军本土舰队,以便进行各个击破。具体来说,他指望用希佩尔的战列巡洋舰作为诱饵,诱使诸如贝蒂舰队这样的英军分舰队进入德国"公海舰队"的伏击圈,加以包围歼灭。

第三章

斗智斗谋

★ 1916年5月31日，赫尔戈兰岛。德国先遣战列巡洋舰队已经出海，其任务是充当"诱饵"，吸引英国舰队前来。

★ 双方舰队开始拉近，距离8海里时，炮手们摩拳擦掌，一枚枚粗大的穿甲弹填进炮膛，炮塔开始转动，炮筒升至最大仰角指着对方。损管队已经就位，医疗官不时探头往外张望。等待已久的战斗终于要开始了，双方战舰在这么近的距离上相互打量，希佩尔要挽回名誉，而贝蒂则要补偿遗憾，11艘巨舰逐渐拉近距离，沉重而缓慢。

★ 贝蒂所带舰队包括4艘战列舰和4艘战列巡洋舰，在舰队的南方，德国"公海舰队"的主力舰一艘艘出现在海平面上。首先是"罗斯托克"号轻型巡洋舰，四个烟囱是它的醒目特征。跟在后面的是望不到头的战列舰队，海平面上耸起一片桅杆和烟囱的森林。两旁伴随着蜂群一样的轻型舰艇——整整22艘战列舰，6艘巡洋舰和31艘鱼雷艇——英国皇家海军第一次这么完整地打量对手。

1. 诱"狼"上钩

1916年5月31日，赫尔戈兰岛。德国先遣战列巡洋舰队已经出海，其任务是充当"诱饵"，吸引英国舰队前来。这支部队的指挥官是希佩尔，参谋长是埃里希·雷德尔。

舍尔在总旗舰"腓特烈大帝"号战列舰的舰桥上。他对自己的计划很满意。5点30分，一名参谋军官送上斯卡帕湾附近"U-43"号潜艇的报告：敌方舰队没有明确出击意图，英国人的分舰队各行其是，没有前往德国海湾，也未察觉我方行动。

为了慎重起见，舍尔要求海军所属的5艘"齐柏林"式飞艇出动侦察。早晨的雾气虽然散去，云层依然低矮，"齐柏林"式飞艇稍晚才能升空。德国人憋屈了许久，认为此次肯定能打一个翻身仗，"赫尔戈兰"号战列舰上的水兵回忆舰长略带柏林腔地夸夸其谈："英格兰到挪威之间的海域有不少船在打转，我们就去那里小小看一眼，顺带挠挠他们的胳肢窝。如果英国人敢出来的话，大伙儿就给他们一个大惊喜。在罗塞斯港、克罗马蒂港和斯卡帕湾外，有我们7条潜艇正候着，轻型巡洋舰会用电报把其中一些傻瓜骗出来。就像逗小孩子玩一样，完全不用担心。"

在北方，头一晚就出港的英国皇家海军本土舰队漫不经意地向

"腓特烈大帝"号战列舰

东南方开进,"法尔茅斯"号轻型巡洋舰正在为贝蒂的第1战列巡洋舰队担任先导。一名军官回忆道:"我们许多人都以为这是又一次例行清场,估计午饭后就会发布命令返回基地。真是一个美丽的下午,北海最好的天气不外如此,水手们在甲板上晒太阳,或者清理各自的岗位。"

上午11点15分,比预定的稍微早一点,来自克罗马蒂港的第2战列舰队在马丁·杰拉姆率领下与约翰·杰利科的主力舰队会合。24艘巨舰排成6列纵队,走着"之"字形路线,以15节航速向挪威斯卡格拉克海峡开去。

在另一个方向上,戴维·贝蒂漫不经心地站在"雄狮"号战列巡洋舰的舰桥上。伴随着他的6艘战列巡洋舰、12艘巡洋舰、29

艘驱逐舰和 1 条水上飞机母舰的是第 5 战列舰队 4 艘伊丽莎白女王级战列舰，拥有 381 毫米舰炮和 25 节航速。

12 点 40 分，英国海军总司令杰利科的旗舰"铁公爵"号战列舰接到如下电报："没有确定消息，11 点 10 分威廉港锚地的总旗舰呼叫编号还在，也许是天气妨碍了空中侦察，敌方还未行动。"

这条电报影响了杰利科的判断：如果德国人还在港内，英国皇家海军本土舰队必须在海上停留尽可能长的时间。于是，他们不紧不慢地向东南方前进。

戴维·贝蒂与约翰·杰利科

14点，"铁公爵"号战列舰距离事先商定与贝蒂舰队的会合点还有60海里，开足马力赶上去需要2小时。如果继续以经济航速行使的话，要到傍晚才能与他们会合。

此刻，还有另外两件意外发生，使英国人没能及早掌握德国"公海舰队"的位置。在5月30日下午，英国皇家海军本土舰队出港时，"坎帕尼亚"号航空母舰没接到离港信号。此刻，"坎帕尼亚"号航空母舰正远远落在英国皇家海军本土舰队后面，看来不能指望它的飞机侦察。于是，杰利科干脆让"坎帕尼亚"号航空母舰返回斯卡帕湾。

另外一件事是，英国海军部命令一个分舰队返回泰晤士河口，应付可能的夜袭。此后，该分舰队用1小时全速赶路才返回战场。

此刻，英国人以为德国舰队还在港中。杰利科决定将舰队保持在北方，防止对方突袭挪威。

同样，德国方面，舍尔也对情况一无所知，不知道英国皇家海军本土舰队已经在海上。负责引诱英国人的希佩尔正兴冲冲地往北赶路，一点也不清楚前方左舷就是英国人贝蒂的舰队。14点，海上重新弥漫雾气，双方侦察舰队相隔45海里。

斯卡格拉克海峡在望，希佩尔的舰队准备行动。"德弗林格尔"号战列巡洋舰的枪炮官维森回忆："战斗即将发生，最多的是那些轻型巡洋舰或者老式装甲舰。急促的鼓点响起后，大家开始清点站位，检查炮膛。从艏到艉依次以字母次序排列，'德弗林格尔'号战列巡洋舰的'安娜''贝莎''恺撒'和'多拉'4座炮塔开始缓慢转动。我想象着地平线那边出现的敌人，开始模拟演练。周围的人对此不屑一顾，只有我自己知道责任重大，必须保证每个部件都在最完美状态。"

在"德弗林格尔"号战列巡洋舰东部50海里处，英国皇家海军的"玛丽王后"号战列巡洋舰上，也进行着类似的工作，炮手法兰克回忆："我从X炮塔的顶部舱室往下走，一直来到最底层。所有东西看来都安放得井然有序，包括多余的电线、尿桶、饼干和罐装牛肉、饮用水还有绷带。我去向指挥官报告这一切，说：'长官，希望那些家伙已经出来了，给他们结结实实来几下的话，大伙儿都会很高兴。'"

"玛丽王后"号战列巡洋舰

还相距 60 海里远，贝蒂的舰队就可以转向北方与主力舰队会合了。由于之前他们一直走"之"字形路线，再加上潮流的影响，使估计的方位偏差了 5 海里。

贝蒂的旗舰"雄狮"号战列巡洋舰打出灯光信号，要左舷 4 海里处第 5 战列舰队的"巴勒姆"号战列舰、"厌战"号战列舰、"马来亚"号战列舰和"勇敢"号战列舰做好转向准备："当我们掉头向北后，注意搜索主力舰队的先导巡洋舰。"于是，英国皇家海军最强大的 4 艘战列舰在此后很长时间内一直只注意着身后方向，而事实上真正的威胁将来自另外一边。

14 点 15 分，贝蒂的旗舰"雄狮"号战列巡洋舰亮出转向信号，距离"吕佐夫"号战列巡洋舰只有 45 海里。

双方也许就因为这么点距离而失之交臂。但一个偶然事件让英国和德国这两支舰队发现了对方——丹麦一艘货轮跌跌撞撞出现在两支舰队中间，由于轮机过热而喷出异常浓黑的烟柱，引起了英国舰队和德国舰队的注意。

最早反应过来的是德国"埃尔平"号轻型巡洋舰。当时，"埃尔平"号轻型巡洋舰处于"希佩尔舰队"的左翼最前端。几分钟后，贝蒂右翼的英国"加拉蒂"号轻型巡洋舰也向那边开去。说也奇怪，英国"加拉蒂"号轻型巡洋舰没看到"雄狮"号战列巡洋舰发出的转向信号，因而冒冒失失撞向了德国舰队。

不久，他们各自发现对方。英国第 1 轻型巡洋舰队的指挥官亚历山大·辛克莱在望远镜中辨认出对方的主桅和烟囱后,向贝蒂报告:"两个烟囱的舰船拦截了货轮,方向东南偏南7海里,接近中,不知道那两艘舰船属于哪支舰队。"

英国"加拉蒂"号轻型巡洋舰向那边开去,打出了英国皇家海军的识别信号。实际上,那是德国"埃尔平"号轻型巡洋舰派去调查货轮的B109号鱼雷艇和B110号鱼雷艇。对方见突然出现了英国军舰,赶紧转身撤离。"埃尔平"号轻型巡洋舰用灯光向编队指挥官报告敌情。由于"法兰克福"号轻型巡洋舰解读有误,编队指挥官波迭克大吃一惊:"可能为敌方舰船活动,24到26艘战列舰。"10分钟后,"埃尔平"号轻型巡洋舰用电报重复报告,纠正了错误。

"发现敌舰"的战斗警报响彻所有船舱。日德兰海战中的第一发炮弹自英国"加拉蒂"号轻型巡洋舰的152毫米前主炮的炮膛飞出。它的8个锅炉升至最高压力,以28节速度向德国舰队冲过去,舰首激起了巨大浪花。赶来支援鱼雷艇的德国"埃尔平"号轻型巡洋舰误认为对方是战列巡洋舰。于是,双方轻型巡洋舰开始激烈炮战。在13716米距离相互攻击,德国人最先取得了成绩——一发150毫米炮弹穿透英国"加拉蒂"号轻型巡洋舰的舰桥下部,一直击破两层甲板,但幸好没有爆炸。

双方主力舰上的指挥官都在焦急等待。对方主舰队究竟在哪里?数量和规模怎样?电报来来往往,双方都下令升火,全速开进。

14点35分，英国"加拉蒂"号轻型巡洋舰向贝蒂电报："紧急：发现大量烟柱，东北偏东方向可能有德国舰队活动。"不久又报告："刚才的烟柱判明，敌舰7条，包括巡洋舰和驱逐舰，方向转北。"于是，贝蒂下令全舰队即刻向东南方插下，截断对方后路。

德国人也不含糊，希佩尔麾下的第2侦察队的"法兰克福"号轻型巡洋舰、"威斯巴登"号轻型巡洋舰、"皮劳"号轻型巡洋舰和"埃尔平"号轻型巡洋舰前去做进一步的调查。

当接到"埃尔平"号轻型巡洋舰的第一份报告后，希佩尔下令转向西南偏南单列前进。不久后，他就看到弹幕中的"埃尔平"号轻型巡洋舰。从溅起的水柱看，不过是中等口径的炮弹。此时消息传来，希佩尔便推测对方有4艘巡洋舰。

15点10分，希佩尔的舰队以23节航速向英国人扑去。

★ 战前双方计划

德国"公海舰队"司令舍尔制订了一个富有进攻性的大胆计划：让游弋在挪威海岸的希佩尔指挥的舰队充当诱饵，吸引英国人。他推论，英国人是不会派出整个舰队来拦截一次有限的侵袭的。舍尔指挥的德国"公海舰队"全部力量在45海里之后跟踪着。如果英国海军出击，希佩尔进行象征性的抵抗后就转舵，把追击者引进舍尔的"公海舰队"的射程内。

舍尔分析："通过在任何可能的时机，对担负监视和封锁德国海岸的英国海军力量的进攻性奇袭，同时对不列颠海岸的布雷和潜艇攻击，达到杀伤英国舰队的目的。当这类行动的成果累积到双方海军实力相当的时刻，我方所有的力量要准备就绪并且集结，尝试寻找对敌不利的战机实施舰队决战。"

舍尔的计划看上去似乎无懈可击，然而，英国海军部却意外破译了德国海军的无线电密码。英国海军主力舰队司令约翰·杰利科和戴维·贝蒂制订出一个与舍尔如出一辙的作战计划：贝蒂

莱茵哈特·舍尔

率领前卫舰队从苏格兰的罗赛思港出发，于31日下午到达挪威以东日德兰半岛附近海域，以期与德舰队相遇。杰利科则亲自率主力舰队秘密到达贝蒂舰队西北方向60海里处的海域——如果贝蒂与德舰队交上火，在主动示弱后，他应将对方引向舰队主力的方向，这样杰利科庞大的舰群就会出现在德国军舰的侧后。凭借英舰队庞大的火力和速度，杰利科认为完全有把握歼灭现在预想海域上的德国舰队。

分别充当诱饵的希佩尔和贝蒂在同样的计划中不期而遇了。

2. 巨舰对决

这时，英国第1轻型巡洋舰队开始犯错误。他们的任务本来应该是侦察，并将对方舰只引到贝蒂舰队攻击范围内。但前线指挥官辛克莱却让2艘巡洋舰与德国"埃尔平"号轻型巡洋舰缠斗起来。古德诺指挥的第2轻型巡洋舰队不久也加入这场追逐战。英国人大意之下，一直追着德国军舰向北开去。

这是英国第1轻型巡洋舰队所犯的一系列错误中的第一个。时间逐渐过去，贝蒂在"雄狮"号战列巡洋舰舰桥上不耐烦地将望远镜举起又放下。他已经命令全舰队南下，但敌方舰队的位置和规模不明，巡洋舰也没有更新的情报送来。于是，他命令"恩格丁"号水上飞机母舰放出飞机实行空中侦察。

与此同时,"雄狮"号战列巡洋舰的信号员也犯下错误,虽然战列巡洋舰队已经南下,并将命令用电报传达给后面的第5战列舰队。但根据英国皇家海军本土舰队的规范,全舰队规模的转向或者变速命令必须用探照灯再重复一次。"雄狮"号战列巡洋舰的通讯员省略了这道手续。当贝蒂的"雄狮"号战列巡洋舰转向时,第5战列舰队距离"雄狮"号战列巡洋舰只有4海里。指挥官托马斯根据他的判断去理解贝蒂的命令:"让我们继续往北,两头包抄防止敌人逃往那个方向。"

8分钟后,他才醒悟过来,重新下令转向。此时,两支舰队拉开9海里,虽然第5战列舰队的4艘伊丽莎白女王级战列舰重新以25节航速拼命赶路,但他们强大的381毫米主炮要推迟20分钟才能派上用场。

英国海军伊丽莎白女王级战列舰

此时，水上飞机已经起飞。飞行员和观察员开始报告："云层高度30米到360米，270米散布较多浮云，我们飞得很低，距离敌舰大约1海里，对方正转舵向北，防空火力纷纷射来，榴霰弹在空中爆炸。现在对方转过16个罗经点（180°），停止对我们射击。本机保持与敌舰相同的方向，距离5公里，天气开始好转，另一侧已经能望见我方战列巡洋舰队。"

这时，飞机的汽化器破裂，飞机不得不在水面降落。"恩格丁"号水上飞机母舰匆匆赶来。这次空中侦察只持续了半小时。飞行员其实并没看到德国的战列巡洋舰，只注意到德国的巡洋舰掉头回航，这是希佩尔命令他们返回重编舰列，集中力量准备进一步交战。

15点20分，德国"塞德利茨"号战列巡洋舰的瞭望员发现西方海平面上有大片烟柱。两分钟后，他开始认出英国军舰的三角桅杆。那是第2战列巡洋舰队的"新西兰"号战列巡洋舰和"不倦"号战列巡洋舰，距离14630米。

急促的哨音在德国舰队的甲板上响起，"德弗林格尔"号战列巡洋舰舰长用望远镜盯着对手。他后来在回忆录中写出了那一刻的心情："荣誉和生命将取决于即将开始的恶战，舰桥上忙乱的脚步大约持续了一分钟，现在一切静下来了。大家相互开着玩笑，调整观测仪和望远镜。放大15倍，能够看到我方的巡洋舰和鱼雷艇向两侧退去，海平面光滑如镜，敌人的巡洋舰开始露出模糊舰影，接

经典 百年海战大观 日德兰海战

编队航行中的"厌战"号战列舰

着，我注意到一些大家伙。6艘黑色、肩宽腰阔的战舰排成两列正向这边开来！"

与此对应的，当战斗警报在"厌战"号战列舰上响起时，贝克只得提前结束午茶："当时我正坐下来，桌子上有一杯茶，一小块涂黄油的面包和一些果酱，突然军号响起来了，'战斗准备'！我继续喝茶，心想怎么啦？又要做演习吗？突然发觉这次的号声跟平时不一样，来真的了。我抓起手边零碎跑到炮位。"

15点25分，英国人也开始辨认出德国舰队的轮廓。贝蒂决定从尾部横切对方军舰的队列队形。此刻，贝蒂只等第5战列舰队赶上来加强火力。实际上，英国战列巡洋舰此刻正以28节航速前进，而第5战列舰队战列舰最高航速才24节。于是，两支舰队的距离再次拉大。

当时英国战舰排成两列，一侧是"雄狮"号战列巡洋舰、"皇家公主"号战列巡洋舰、"玛丽王后"号战列巡洋舰和"虎"号战列巡洋舰，另一侧是"新西兰"号战列巡洋舰和"不倦"号战列巡洋舰。贝蒂发现他的位置还不够靠南面，无法切断对方后路。

15点33分，第2战列巡洋舰队开始转向，跟在第1战列巡洋舰队之后排成单列前进。第2轻型巡洋舰队则率领着第9驱逐舰队和第13驱逐舰队冲在前头。战列巡洋舰的枪炮官们在驱逐舰喷出的油烟中拼命试图估测德国军舰的距离。

与此同时，德国舰队开始转向东南，战列巡洋舰将速度减到

18节，等待"埃尔平"号轻型巡洋舰、"法兰克福"号轻型巡洋舰、"皮劳"号轻型巡洋舰开上来会合。而事实上，它们此时正在向英国的水上飞机开火。希佩尔认为他的角色是"诱饵"，便命令舰队掉头南下，寻求舍尔的主力舰队接应。他很了解贝蒂，在去年8月赫尔戈兰湾战斗中，贝蒂曾经指挥他的战列巡洋舰冲进雷区去追赶德国巡洋舰。现在也一样，不管是不是陷阱，他一定会毫不犹豫跳进来的。

双方舰队开始拉近，距离8海里时，炮手们摩拳擦掌，一枚枚粗大的穿甲弹填进炮膛，炮塔开始转动，炮筒升至最大仰角指着对方。损管队已经就位，医疗官不时探头往外张望。等待已久的战斗终于要开始了，双方战舰在这么近的距离上相互打量，希佩尔要挽回名誉，而贝蒂则要补偿遗憾，11艘巨舰逐渐拉近距离，沉重而缓慢。

"我以为自己会很紧张，实际上一点也不。""塘鹅"号驱逐舰上一个19岁的少尉说，"很难形容当时的感受，就像一场板球比赛，轮到你挥拍了，想到的就是要尽量做好，不要去考虑什么后果。一切都取决于自己，没有人会害怕，没人会想可能被击沉，在这当口有太多别的要紧事"。

舰上的每个人，从锅炉工到指挥官都很清楚，他们正要参与一次激烈的战斗。英国皇家海军的6万名官兵和德国"公海舰队"的4.5万名官兵期待着，医生开始检查氧气面具和急救箱，炮手把棉球塞进耳朵。英国某上尉回忆了当时的某些情景："幕布已经拉开，演员都已就位。我似乎看到古代勇者的英灵正在远处浪尖上出没，在炮筒前方闪耀，在云层上低语，评论我们这代人的价值。"

距离7海里，英国"新西兰"号战列巡洋舰上的一位军官总结："德国人终于出来了，现在我们面对面站着，等待距离逐渐拉近。即将发生的一切冷酷而机械，不会像陆地的战斗那么血腥，不会有刺刀见红，只有精确的计算和校准。"

希佩尔在"吕佐夫"号战列巡洋舰的控制室中再次交代开火射击的每个环节："这时候，任何错误都将造成不可弥补的错误！"他瞪着远处的英国"雄狮"号战列巡洋舰，"当时我们排成两列平行前进，方向东南，英国人在右舷。打头的3艘是'玛丽王后'号战

弗兰茨·冯·希佩尔

列巡洋舰,然后是'虎'号战列巡洋舰,最后是'不倦'号战列巡洋舰。我们的舰列依次是:'吕佐夫'号战列巡洋舰、'德弗林格尔'号战列巡洋舰、'塞德利茨'号战列巡洋舰、'毛奇'号战列巡洋舰、'冯·德·塔恩'号战列巡洋舰。"

当时,双方距离18745米,差不多是"吕佐夫"号战列巡洋舰和"德弗林格尔"号战列巡洋舰的极限射程,而英国"不倦"号战列巡洋舰和"新西兰"号战列巡洋舰的射程只有17000米左右,其他英国战列巡洋舰的343毫米炮可以打到21030米距离,而"虎"号战列巡洋舰主炮的射程可以达到21945米。

希佩尔和他的军官们都在纳闷,为什么英国人还没开火,英国人的炮火具有更远射程啊!根据德国官方记录:为了获得更好的射击距离,希佩尔舰队用最快的速度通过危险区域。在16点45分(柏林时间)他下令向右舷转过2°,进一步拉进双方距离。出乎意料的是,直到16460米,对方依然保持着缄默。

当时,"雄狮"号战列巡洋舰上的贝蒂正在焦躁地等待,射击观察员还是没给出信号,说明德国人是否已经进入射程,到底是怎么了?查理斯当时就在舰桥上:"可见度时好时坏,那是北海夏季非常典型的天气,薄雾有较大湿度,阳光无法穿透。很不幸的,西方天空很晴朗,地平线清晰,我们舰队的侧面轮廓完全被捕捉到,对方的弹着点也很容易辨认。而我们只能看到德国舰队模糊的轮廓,无法辨认细节,测距员报出的读数也比实际距离大一些。"

紧张气氛在成倍数地增加，德国炮兵在那最后几分钟已经将射击指挥仪牢牢锁定英国"皇家公主"号战列巡洋舰，就等着旗舰发命令。"13716米，我最后一次报出读数，听到前方一声低沉的咆哮，抬头望去，'吕佐夫'号战列巡洋舰已经发出第一炮。左舷接敌的旗语升起，我大叫'穿甲弹射击'！于是炮弹像轰雷一样出膛而去，后面的战舰依次开火，敌人舰列中腾起的黑色烟云中点缀着暗红色火焰，战斗开始了。"一位德军指挥官事后回忆说。

英国人马上还击，德国5艘战列巡洋舰对抗英国6艘战列巡洋舰。历史上最大规模的巨舰之战正式打响。

根据记录，德国舰队15点48分开火，落下的炮弹纷纷打碎了笼罩海面的薄雾。半分钟后，"雄狮"号战列巡洋舰的炮弹向那边飞去，接敌的信号旗同时升起。

"雄狮"号战列巡洋舰

德国战舰从左至右依次分配火力，各自盯着对方舰列中相等位置的对手开火，只有"冯·德·塔恩"号战列巡洋舰例外。由于数量上少1艘，它瞄准英国舰队最末尾的"不倦"号战列巡洋舰射击，英国的"新西兰"号战列巡洋舰则被忽视了。"新西兰"号战列巡洋舰与"虎"号战列巡洋舰一起向德国"毛奇"号战列巡洋舰开火。

贝蒂则集中前面两舰的火力攻击德国的"吕佐夫"号战列巡洋舰。开战伊始，英国人表现不佳。第一批炮弹纷纷从德国战舰头顶飞过——依然是测距仪不精确导致的。此刻，位于德国舰列另一侧2012米的"雷根斯堡"号轻型巡洋舰被巨大的水柱和爆炸包围了，处境比战列巡洋舰更危险。英国"虎"号战列巡洋舰找错对手，向这条轻型巡洋舰射击了足足10分钟。

根据贝蒂原先的计划，打算在16460米距离上充分利用343毫米舰炮的射程优势，但由于测距上的失误，这种优势已荡然无存。德国军舰上的305毫米主炮射速更高，不但先发制人，而且光线对他们也有利。他们浅灰色的舰影在深色海平面和薄雾中若隐若现，轻微的西风将英国军舰吹出的烟也吹向两军中间，更加模糊了英军炮手的视线。

火力的分派也发生错误，英国虽然多一条战舰，却没有注意"德弗林格尔"号战列巡洋舰。德国炮手抓住机会，像炮术演习一样瞄准射击。德国人利用测距仪将英国战舰放大23倍，以极快的

"虎"号战列巡洋舰

射速射向英国军舰，命中率也如他们想象中那样高。英国战列巡洋舰被 60 米高的水柱包围了。

15 点 51 分，英国"雄狮"号战列巡洋舰和"皇家公主"号战列巡洋舰刚射击过几轮后，分别被击中两次。"皇家公主"号战列巡洋舰的 A 炮塔暂时失去战斗力，直到 10 分钟后，才有一门炮修复，重新投入战斗。

"虎"号战列巡洋舰更被击中 4 次之多。15 点 52 分，德国军舰"毛奇"号战列巡洋舰的两发 280 毫米炮弹击中"虎"号战列巡洋舰的舰桥，损害不大。不过，很快下一轮炮弹到了。"虎"号战列巡洋舰的中部和尾部炮塔几乎同时中弹，立即失去作战能力。

★ **战列巡洋舰**

战列巡洋舰是英国海军大臣费西尔在"无畏"号战舰后的又一设想：建造拥有战列舰级重炮和与巡洋舰匹敌速度的新舰种。在当时舰船动力水平上，英国人认为只有牺牲装甲才能做到。英国在1908年完工的"无敌"号战列巡洋舰是第一艘战列巡洋舰。

德国在海军大臣提尔皮茨坚持下，为与英国对抗，也开始建造战列巡洋舰。但是与英国不同，德国的战列巡洋舰没有牺牲装甲，而是装备了口径较小的主炮，以此来减轻舰艇重量，而得到高速度。所以，英国同吨位战列巡洋舰的主炮口径比德国的高出20～40毫米，而装甲则薄很多。

同时期日本金刚级战列巡洋舰

除了英国和德国，日本、美国和法国也造过战列巡洋舰。

在 1913—1915 年，日本完成了 4 艘金刚级战列巡洋舰。1928—1931 年改装后，日本换装了柴油动力主机，增强了装甲后又改称为高速战舰。

在 1944 年，美国完成了 2 艘自称是大型巡洋舰的阿拉斯加级。阿拉斯加级大型巡洋舰的排水量 29800 吨，装 3 座 305 毫米三联装炮塔，航速 33 节。不过，其他国家都称它们是战列巡洋舰。

在 1932—1934 年，法国完成了 2 艘敦刻尔克级战列巡洋舰。敦刻尔克级战列巡洋舰的排水量 33000 吨，装 2 座 330 毫米四联装主炮，主炮塔都在战舰前部，后方只有 2 座四联装 130 毫米高平两用炮。

3. "王后"悲情

15 点 54 分，双方军舰的距离拉近到 11800 米。德国军舰 150 毫米副炮也开火了。英国"玛丽王后"号战列巡洋舰的枪炮官还没意识到火力分配的错误，继续射击德国"塞德利茨"号战列巡洋舰。

15 点 55 分，一发 343 毫米炮弹击中"塞德利茨"号战列巡洋舰的舰桥下方，穿过一个煤舱后爆炸，使一些舱室受损。两分钟后，第二发炮弹落在 Y 炮塔上，穿过 229 毫米的装甲防护后在内部爆炸。德国人新安装的防爆门发挥了作用，将火焰隔在弹药库外，但这座炮塔也失去作战能力。

15 点 57 分，贝蒂下令向右舷转过两点以拉开距离。与此同时，希佩尔也下令向左转过一点，以扰乱对方测距。16 点，德国"吕佐夫"号战列巡洋舰第一次中弹。舰桥前部中弹，没引起重大损伤。这并未影响双方不断升温的激战。德国战舰每隔 20 秒钟就向对方射出一枚炮弹。英国战列巡洋舰奋力还击着，眼前的海面就像弹幕布成的森林。

在"雄狮"号战列巡洋舰的舰桥上，英国水兵发现德国人炮火越来越准确："他们第一发炮弹从我们头上飞了过去，以后 4 分钟内，我们被击中 2 次，当时我们正全速前进，巨大的风声、机器的轰鸣和我们自己的炮声，以至爆炸声都被掩盖过去。舰体四周到处是冲天的水柱，高过烟囱，然后就劈头盖脸地泼到身上。偶尔眼前亮光一闪有东西过去，那是四散乱飞的弹片。"

英国人没意识到德国的主炮普遍采用集中的射击指挥仪，在齐射时命中概率更高。英国的斯各特指挥仪性能稍好，但一直到日德兰开战前才意识到重要性，仅有"爱尔兰"号战列舰和"阿金库尔"号战列舰两艘战列舰完成安装。

这时，致命的打击来了，一发穿甲弹刺透"雄狮"号战列巡洋舰中部 Q 炮塔外壁 229 毫米的装甲板，在内部爆炸，半个顶盖被掀

德国战列舰炮击后激起的水柱

到空中，然后重重地砸到甲板上。炮室和装填室中的火药被引燃，70名官兵几乎在瞬间被炸死。

"雄狮"号战列巡洋舰猛地向右舷转过180°，为敞开的炮塔吹入更多空气，白炽的火舌四处蔓延，眼看殉爆不可避免。炮塔指挥官、皇家海军陆战队的哈维已经失去双腿，奄奄一息。他挣扎着爬到通话筒旁，下令关闭弹药舱门，开始注水。"雄狮"号战列巡洋舰得救，英勇的哈维事后被追授维多利亚十字勋章，这也是本次战斗中第一枚勋章。

当火焰蔓延到弹药库时门刚好被关上，一些战死官兵手还紧紧抓在把手上。火焰所到之处，无人幸免，包括在逃生舱口的医疗官和他的担架队。他们都是被高温的气体瞬间吞没的，衣服布料还未开始燃烧。死者最后的动作往往是用手护着眼睛，以致死后他们的面容依旧栩栩如生。

16点03分，更大的灾难发生了："不倦"号战列巡洋舰被击中。

根据"新西兰"号战列巡洋舰鱼雷官的报告："它的后部中弹，大约集中在主桅和后部炮塔的周围，上层建筑后部冒出大量黑烟，没有观察到火焰，我们以为是交通艇在燃烧。这时我们已经向左转舵，它没有跟上来，也许是转向装置发生故障，两舰的距离逐渐拉大，直到距离我舰右舷457米时，它再次中弹，一发在舰桥，一发在前炮座，炮弹爆炸了，然后一切安静下来，大约有30秒钟。既没有烟也不见火，然后从前往后发生了惊天动地的爆炸。稠密的黑烟和爆炸的闪光把战舰完全淹没，各种东西都被炸到高空，一条15米蒸汽推动的哨艇肚皮朝天，足足被炸到60米高。"

无畏舰之间的战斗并不像两名身着重铠的中世纪武士用利剑互砍，而是两个蛋壳在用重锤互砸。1015名官兵在爆炸中消失了，德国"S-68"号鱼雷艇事后从"点缀着数千条肚皮朝天的死鱼的海面上"打捞起两名大难不死的幸存者。

德国"冯·德·塔恩"号战列巡洋舰累计发射280毫米炮弹52发，150毫米炮弹38发。此刻，"冯·德·塔恩"号战列巡洋舰甲板上欢声雷动：他们击沉了"不倦"号战列巡洋舰！当消息传到希佩尔那里时，他用怀疑的眼光透过望远镜搜索着海面，来来回回数了几遍，果然对方只有5条船了。于是，他赞许地点点头：现在双方的数量扯平了。

战斗还在如火如荼，不少参加者并未意识到"不倦"号战列巡洋舰已经被击沉。就连离它最近的"新西兰"号战列巡洋舰也只有部分人注意到，幕僚向舰长报告说："不倦"号战列巡洋舰被击中。于是"新西兰"号战列巡洋舰将炮口转向德国舰列最末的"冯·德·塔恩"号战列巡洋舰。这时"雄狮"号战列巡洋舰再次被击中，"皇家公主"号战列巡洋舰也着火了，贝蒂决定派出驱逐

"不倦"号战列巡洋舰中弹起火

舰争取一点转向的时间。

就在他向第13驱逐舰队发报前,"吕佐夫"号战列巡洋舰的一发炮弹准确地擦过主桅,天线不翼而飞。此后的命令只能用灯光告诉"皇家公主"号战列巡洋舰,再用电报发给全舰队。

16点04分,"毛奇"号战列巡洋舰在10515米到9500米的距离上向"皇家公主"号战列巡洋舰射出4枚鱼雷。16点11分,"雄狮"号战列巡洋舰注意到舰尾有鱼雷轨迹。另一发从"皇家公主"号战列巡洋舰的舰底擦过。不知为什么,英国的瞭望哨认为那是来自未交战的右舷,此时在英国舰列左舷的"兰德雷尔"号驱逐舰也报告鱼雷轨迹,同时声称发现潜望镜。这条子虚乌有的情报让贝蒂觉得他正成为潜艇的目标。

几分钟后,两支舰队的距离逐渐拉开。炮手发现炮弹总是过早落下,他们先是瞄准对方水线,接着是瞄准炮塔上部,最后干脆瞄准桅杆。双方都在无意的胡乱对射中浪费炮弹,密集的炮声不久即告平息,水手们急着修补、灭火,为下一轮较量做准备。

当前方舰队打得热火朝天时,杰利科率领的英国皇家海军本土舰队还在后方35海里处——这位以谨慎小心著称的海军上将通过零零碎碎的无线电信号大约了解了前方的情形。早在14点20分,当收到之前的电报时,英国皇家海军本土舰队的主力离15点预定的位置还有16海里远,先前的补充燃油、检查渔船耽搁了太多时间。不过根据电报,德国人只有些轻型舰只,光靠贝蒂所率领的舰队就能切断对方后路,将其赶进斯卡格拉克海峡。因此,杰利克迟迟不根据预定计划送出胡德的第 3 战列巡洋舰队,包括"无敌"号战列巡洋舰、"不屈"号战列巡洋舰、"不挠"号战列巡洋舰。整个舰队依然以 15 节航速走着"之"字形前进。

15 点 43 分,第二份电报传来,报告德国舰队出现,英国皇家海军本土舰队开始提速至 17 节。他们开始向东南偏南方向直冲合恩礁而去,前卫的巡洋舰群开始散开,将侦察范围增大到 60 海里。几分钟后,英国东岸的无线电测向站发来德国"埃尔平"号轻型巡洋舰和"B-109"号潜艇的位置报告。

15 点 15 分,贝蒂报告了自己位置。杰利科发现双方距离不是预定的 52 海里,而是 60 海里。当然,这个数字并没使杰利科不安。根据"加拉蒂"号轻型巡洋舰的电报,德国舰队正与第 1 轻型巡洋舰队缠斗着向西北开去,而贝蒂此刻正以 23 节航速向东北插上。

"不屈"号战列巡洋舰

预计16点左右，这些德国"轻型舰只"将被英国皇家海军本土舰队的前卫巡洋舰发现。

15点40分，贝蒂发来紧急电报，正咬住5艘德国战列巡洋舰向东南方开去。

16点05分，胡德第3战列巡洋舰队开始以25节航速离开主力舰队，前去支援贝蒂。实际上更强大的支援就在贝蒂后方，伊文·托马斯第5战列舰队正朝着炮声最密集的方向全速赶来。德国第2侦察舰队的轻型巡洋舰发现了他们。波迭克很快辨认出那是英军最新式的伊丽莎白女王级战列舰，赶紧向希佩尔发电报告。此时，距离为17000米，英国战舰开火了。波迭克下令，一边投放发烟盒，一边尽最大速度逃跑。

16点10分，希佩尔觉察到贝蒂小动作，下令转向西南，恰巧进入了英国战列舰的射程。

"不挠"号战列巡洋舰

"就像传说中的九头蛇一样,英国人又变出了4艘强大的战列舰来取代刚沉没的'不倦'号战列巡洋舰。"

16点06分,英国战列舰已瞄准德国战舰炮口的闪光,用381毫米穿甲弹在17374米的距离一炮击中"冯·德·塔恩"号战列巡洋舰的舰尾,使它"前后抖动得像一把音叉",转向机构也被击坏。损管队和机械师在油污和煤烟中拼命抢修,用几分钟排除了故障。但它仍有后遗症,"冯·德·塔恩"号战列巡洋舰内进了600吨积水。全舰右倾2°,舰尾吃水增加到10米。

16点16分,"毛奇"号战列巡洋舰也被命中了,一个煤舱被击穿。炮弹在副炮甲板爆炸,引起不小的火灾。

看到己方的战列舰也赶上来了,贝蒂再次下令转向,重新接近德国舰队,准备放出驱逐舰进行鱼雷攻击。16点17分,英军和德军重新交火。

"虎"号战列巡洋舰的观察哨报告:"对方的炮火异常频繁,不断对我舰跨射,幸运的是命中不多。我仰着头观察那些炮弹,它们看起来像一个个深蓝色的酒瓶,直直的,好像要飞到你的眼睛里去。最后要么爆炸,要么撞起老大的水花。"

"雄狮"号战列巡洋舰再次被"吕佐夫"号战列巡洋舰命中,先前Q炮塔的火势还没得到控制,全舰被浓烟笼罩着。于是,"吕佐夫"号战列巡洋舰将目标转向后面的"皇家公主"号战列巡洋舰,"德弗林格尔"号战列巡洋舰见状,也将炮口后转,瞄上了

"玛丽王后"号战列巡洋舰——这艘排水量为26500吨的战舰正被"塞德利茨"号战列巡洋舰剩下的炮塔猛揍着，局部形成了两打一的局面。"玛丽王后"号战列巡洋舰用精确的炮火还击。一发炮弹击中"塞德利茨"号战列巡洋舰的副炮甲板，使一门150毫米炮失去了作用。

此时"新西兰"号战列巡洋舰已经无法看清对手，开始将炮口转向"毛奇"号战列巡洋舰。

16点25分，双方距离重新拉近到13167米，英国"玛丽王后"号战列巡洋舰的大限到了。"德弗林格尔"号战列巡洋舰的一轮齐射有三发炮弹落在甲板上。整齐地砸开一排大洞，下一轮炮弹又有两发命中。这些都是在瞬间发生的。

根据德国战舰的观察："舰首腾起明亮的红色火焰，舰体中部传来低沉的爆炸声，深黑色的碎片在空中飞舞，接着全舰发生剧烈爆炸，桅杆向内侧扭曲倒下，浓黑的油烟将它笼罩起来，越升越高，久久不散。"

"玛丽王后"号战列巡洋舰属英国1907年后建造的第一批战列巡洋舰，满载排水量23500万吨。它挨了德国"塞德利茨"号战列巡洋舰和"德弗林格尔"号战列巡洋舰六七发炮弹，舰体断为两截，沉入海底。1275名舰员死亡，仅有9人生还。

紧紧挨在"玛丽王后"号战列巡洋舰几百米后的"新西兰"号战列巡洋舰和"虎"号战列巡洋舰急急转向规避，"新西兰"号战列巡洋舰舰桥上的一个军官记录："当时'虎'号战列巡洋舰正以24节航速跟在'玛丽王后'号战列巡洋舰舰尾457米处，'玛丽王后'号战列巡洋舰突然向左急转，然后消失在黑色的浓烟中。我们只能向右舷急转，'虎'号战列巡洋舰和我们从它两侧擦过去，大约45米后，烟开始散去，可以看到它的舰尾到后桅的部分还在水面上，螺旋桨在空中转动，有人从后部炮塔和舱口爬出。当残骸距离我们舰尾145米时，最后的部分倾覆爆炸，灼热的碎片被吹向空中，落在周围的海面上。"

贝蒂也看到了这次爆炸。他转过头对"雄狮"号战列巡洋舰舰长说："我们这些该死的船今天有点毛病。"接着，他下达了一道典型英国式的命令：再近一点接敌。

"玛丽王后"号战列巡洋舰

这倒不是孤注一掷。实际上，托马斯的第5战列舰队正在后方急速接近中，再把希佩尔牵制一会儿，德国战列巡洋舰队就会在两支英国舰队夹击中全军覆灭。当然，贝蒂不知道的是，舍尔的德国"公海舰队"快要出现在海平面那头。

★英国水兵回忆"王后"沉没

第一次爆炸发生时，我被气浪抛到空中，刚好撞上一条帆索而没有直接掉在甲板上，这救了我的命。爬起来后我看到左舷2号3

"玛丽王后"号战列巡洋舰沉没瞬间

号副炮已经从炮耳上滚落下来，炮塔的地板不自然地隆起，四周安静的像教堂，有人问发生了什么，于是我从炮塔顶上的破洞中探出头去，看到旁边的102毫米炮已经面目全非，全舰正向左侧严重倾斜。我把这些告诉负责炮塔的军官，他说："那就各自逃命吧，全体离开炮塔！"

我们跌跌撞撞地爬出来，全舰向左倾得厉害，顺着楼梯滑下的人都掉到左边甲板上。船舷附近聚集了很多人，犹豫着是不是弃舰。于是，我说："来吧，老家伙们，谁想游个泳？"有人回答："它还能浮很久。"我和另外5个人跳进海里，拼命划水向远处游去，大概游出45米后，身后传来巨大的爆炸，滚烫的残骸碎片在空中乱飞。

4."错译"闹剧

幸运的是，英国第5战列舰队的"巴勒姆"号战列舰、"厌战"号战列舰、"马来亚"号战列舰和"勇敢"号战列舰很快赶到了。德国人大惊失色，"冯·德·塔恩"号战列巡洋舰向"巴勒姆"号战列舰射击。

3分钟后，"冯·德·塔恩"号战列巡洋舰的一座炮塔被击中，8人受轻伤。不过，一大块松动的装甲板卡住了炮塔转向机构，于是在后面的战斗中派不上什么用场。它的一发炮弹击中"巴勒姆"号战列舰，但很快另一发炮弹击中了它，把甲板砸开一个大洞。炮手们跑出来，帮着用铁锤和焊枪把扭曲的甲板整平，以免影响炮塔转向。浓烟通过通气管钻进转向引擎室，逼迫那里的人不得不撤离。

希佩尔也很清楚，形势每分钟都在恶化。英国战列舰32门381毫米火炮正逐渐撵上他的尾巴，虽然截至目前，他已经击沉两艘英国军舰，即"不倦"号战列巡洋舰和"玛丽王后"号战列巡洋舰，战果空前辉煌，但他自己的舰队也已经伤痕累累，战列最末端的"冯·德·塔恩"号战列巡洋舰仅有2座炮塔可用，"塞德利茨"号战列巡洋舰仅有3座炮塔可用。

在此前20分钟，贝蒂用无线电呼叫附近的第13驱逐舰分队，"时机成熟，开始接近攻击。"现在，贝蒂再次用旗语命令第1驱逐舰队和第13驱逐舰队"以最大速度冲刺"。实际上，此刻英国的驱逐舰散布很开，第9驱逐舰队和第10驱逐舰队距离尚远。在前一阶段炮战中，第10驱逐舰队拼命施放烟幕，以至于影响到贝蒂的舰队观瞄。

16点11分，贝蒂下令驱逐舰离开烟幕。5分钟后，第13驱逐舰队8条驱逐舰和第10驱逐舰队4条驱逐舰前出开始攻击。

德国的轻型舰队抢先行动，在"雷根斯堡"号轻型巡洋舰率领下，25枚鱼雷艇开始攻击英国舰队，以缓解希佩尔后部的压力。他

第三章 斗智斗谋

"巴勒姆"号战列舰

"冯·德·塔恩"号战列巡洋舰

们受到英国战列舰猛烈的回应。在"厌战"号战列舰炮塔中的贝克后来回忆了那一幕场景:"我们用 381 毫米的榴霰弹向那些小东西轰击,每发 1.8 米高的炮弹中有几十颗拳头大的霰弹,就像用大号霰弹枪打野兔一样,于是他们掉头跑散了。"

此时,德国第 9 鱼雷艇队越过"吕佐夫"号战列巡洋舰的舰首向英国舰列冲去。"V-28"号潜艇一马当先,后面是"V-26"号潜艇和"S-52"号潜艇。第 17 鱼雷艇队和第 18 鱼雷艇队的其他鱼雷艇随后加入,迎头去撞英国前出的驱逐舰群。舰首激起的白色浪花随即被舰体切开压碎,红色的 Z 字旗在桅杆上抖得笔直;头顶是呼啸而过的大口径炮弹,四周是战列巡洋舰副炮射出的密集弹幕,双方轻型舰艇以 60 节的相对速度拼命冲刺。

英国的"尼斯塔"号驱逐舰在舰长指挥下冲在最前面:"我们以35节航速向对方冲去,大概15艘左右的敌方驱逐舰正在排开队形,打算攻击我方战列巡洋舰。"跟在后面的是"诺马德"号驱逐舰。"诺马德"号驱逐舰舰长下令向德国舰队第3艘驱逐舰开火。德国人低估了英国编队的速度,打头的"尼斯塔"号驱逐舰和"尼卡特"号驱逐舰在弹雨中安然无恙,倒是跟在后方的"诺马德"号驱逐舰中了好几发88毫米炮弹,其中一发击中舰桥前部,将其无线电和探照灯炸得不翼而飞。

英国驱逐舰编队向德国鱼雷艇持续开火。"皮塔德"号驱逐舰和"土布伦"号驱逐舰各向"V-29"号潜艇射出一发鱼雷。"V-29"号潜艇中雷沉没。

16点33分,"S-51"号潜艇射出的105毫米炮弹击中"诺马德"号驱逐舰舰体后部,撕开2.5米长的口子钻进引擎室。爆炸扯断了"诺马德"号驱逐舰所有的蒸汽管道,主发动机和辅助发动机顿时停转。

第9鱼雷艇队剩下的鱼雷艇继续接近英国战列巡洋舰,在7200~8100米距离上向英国"皇家公主"号战列巡洋舰、"虎"号战列巡洋舰和"新西兰"号战列巡洋舰发射10枚鱼雷,无一命中,但是这10枚鱼雷成功迫使英国编队转向规避,其炮火也开始稀疏失去规律。

归还的德国鱼雷艇继续与英国驱逐舰混战。16点34分,"V-27"

德国海军鱼雷艇队

号潜艇被两发102毫米炮弹击中引擎室，蒸汽管道全灭。眼见英国第5战列舰队正全速开来，显然拖带"V-27"号潜艇或"V-27"号潜艇自救都不可能了。"V-27"号潜艇艇长下令打开海底筏自沉。"V-26"号潜艇开过来接走了全部艇员，顺手拖走装满"V-29"号潜艇艇员的救生艇。

英国编队共向德国战列巡洋舰发射了20枚鱼雷，运气最好的"皮塔德"号驱逐舰发射的两发鱼雷都命中目标：击沉德国"V-29"号潜艇，击伤德国"塞德利茨"号战列巡洋舰。此时，"尼斯塔"号驱逐舰还在突进中。在它离"吕佐夫"号战列巡洋舰4572米发射了两枚鱼雷后，希佩尔下令转向回避。

16点36分，英国驱逐舰开始撤离，枪炮声再次变得稀疏。这时一条紧急电报从南面侦察的英国"南安普顿"号轻型巡洋舰传来："紧急！敌方舰队东南方出现，方向正北！"在22个月漫长等待之后，德国"公海舰队"终于等来了机会，将英国部分舰队引诱出来各个击破。德国战列舰增速至18节，几乎达到了极限。担任护卫屏障的鱼雷艇群开始前出，集结在编队旗舰周围。16点18分，舍尔下令向西开去，决定包抄贝蒂的舰队。

不过，德国舰队的出现显然在意料之外。16点25分，当侦察队的轻型巡洋舰报告5艘战列舰（实际是4艘）刚刚加入战斗时，舍尔不得不下令转向北进。他知道希佩尔一定陷入了苦战中，不快点救援的话这个诱饵会被英国人吞掉。

战场形势骤然转变，英国战列巡洋舰队已经遭受了足够损伤。贝蒂意识到自己上当了——这场战斗再也不能按照他的意图进行。他冲动好战的个性与过分沉着的杰利科是两个极端。"一旦抓住决不放手"是德国人对他的形容。

贝蒂所带舰队包括4艘战列舰和4艘战列巡洋舰，在舰队的南方，德国"公海舰队"的主力舰一艘艘出现在海平面上。首先是"罗斯托克"号轻型巡洋舰，四个烟囱是它的醒目特征。跟在后面的是望不到头的战列舰队，海平面上耸起一片桅杆和烟囱的森林。两旁伴随着蜂群一样的轻型舰艇——整整22艘战列舰，6艘巡洋舰和31艘鱼雷艇——英国皇家海军第一次这么完整地打量对手。

德国战列巡洋舰上爆发出一阵欢呼。而英国"南安普顿"号轻型巡洋舰舰桥上每个人都呆站着，射控室里的军官坚持认为那是英国皇家海军本土舰队的主力，尽管来自一个完全相反的方向。但很快英国人清醒了，决定一边求援，一边寻机向英国皇家海军本土舰队主力靠拢。

16点46分，英国战列巡洋舰依次向右舷180度转向完毕，全速撤往北方，取最近的路线与主力会合。"皇家公主"号战列巡洋舰向杰利科发报："紧急，敌方舰列东南。我方位置北纬56°36′，东经6°4′。"

具有戏剧性的是，这道电报却被错译成："观察到敌方舰队26～30艘战列舰，方位东南偏南，方向东南。"于是，英国皇家海军本土舰队主力开始加速前进。远在伦敦的海军总部也得到电报：紧急，舰队决战近在咫尺。拖轮开始生火出港，医院做好接收伤员的准备。就连以冷漠著称的第一海务大臣阿瑟·布丰也在办公室里连连搓手。

德国战列巡洋舰也有损伤，"吕佐夫"号战列巡洋舰有致命伤，即它的甲板前部开了一个大口子；"塞德利茨"号战列巡洋舰的1座炮塔失去作战能力，另2座不同程度进水；"毛奇"号战列巡洋舰和"冯·德·塔恩"号战列巡洋舰各自灌进近千吨海水，"冯·德·塔恩"号战列巡洋舰还剩4门280毫米炮可用，其中3门有故障；只有"德弗林格尔"号战列巡洋舰奇迹般的毫发无损。出色的装甲防护、坚实的船体构造、精确的观瞄设备和强劲有效的穿甲弹是德国舰队取胜的关键。而德军遭受了巨大损失后，取胜的可能已经降低了很多。

16点43分，撤离的命令传达到南方5公里处的英国第2轻型巡洋舰队，指挥官古德诺决心继续完成侦察任务。他的参谋回忆："我们打算违抗命令，或者说暂时搁置这道命令，主要原因有两个。第一，想再接近一点德国'公海舰队'，以取得更详尽的报告；第二，打算在合适的距离上对敌人的单列纵队进行一次鱼雷攻击。于是本舰以25节航速向他们冲去，而我们的战友正在向相反的方向逃离。每秒钟都像一个世纪一样漫长，期待着敌人侧舷出现密集的火光，然后冰雹般的弹雨会把我们淹没。"

经典 百年海战大观 日德兰海战

"吕佐夫"号战列巡洋舰

英国第 2 轻型巡洋舰队接近到离德国军舰 14082 米时,"诺丁汉"号轻型巡洋舰向德国战列舰发射一枚鱼雷,没能命中。接近到 11887 米距离时,古德诺发回报告:"敌方舰队方向正北,单列前进,前卫是恺撒级战列舰,两侧有大量驱逐舰,敌方战列巡洋舰队从北方加入会合。本舰位置北纬 56°29′,东经 6°14′。"

16 点 45 分,德国"公海舰队"向左舷转过两点,排成 6 列直接向贝蒂舰队冲去。"腓特烈大帝"号战列舰的桅杆上升起旗语:"从右至左分配火力,单舰对单舰射击。"

舍尔站在舰桥上,饶有兴趣地看着英国轻型巡洋舰掉头逃走。德国的 305 毫米舰炮"用慢动作做打靶练习",导致第一排炮弹过早落下。不久,第 1 舰队的 8 艘战列舰将炮口转向古德诺的轻型巡洋舰,火力过于密集,以至于每艘船无法观测自己的弹着点。英国 4 艘轻型巡洋舰在密集的弹幕中左右腾挪躲避。整整 45 分钟过去,他们居然毫发无损。

德国第 6 鱼雷艇队开始转身攻击。他们向英国战列巡洋舰射出 7 枚鱼雷,未命中。根据英国方面记载,其中一枚朝着"勇敢"号战列舰的舰尾过去,相距只有 1 秒钟。此时"尼斯塔"号驱逐舰和"尼卡特"号驱逐舰还在狂热地突进。这两艘驱逐舰接近到德国军舰 3457 米距离时,分别向德国"国王"号战列舰和"腓特烈大帝"号战列舰射出两枚鱼雷。在转身时,"尼斯塔"号驱逐舰被一发炮弹命中锅炉房。于是,它也停下来瘫痪在海面上,离"诺马德"号驱逐舰只有 2 海里远。

接着，"诺马德"号驱逐舰被一发 150 毫米炮弹击中，几分钟后就沉没了。"尼斯塔"号驱逐舰的水兵放下汽艇和橡皮筏，让伤员优先离船，拖带索也准备就绪。

这时，德国的炮火开始集中起来。"尼斯塔"号驱逐舰发射了剩下两枚鱼雷作为回应后，舰尾不断被击中，船长只好下命令全体弃船。

几分钟后，水手们在救生艇上，对下沉中的战舰欢呼三声："它是个好姑娘。"有人开始唱《上帝保佑国王》，除了 6 名死者，别的人都被德国人救起，被关在"S-16"号驱逐舰的甲板下，直到整场战斗结束。

★日德兰海战中德军的主力

在日德兰海战中，德军拥有的兵力如下：

战列巡洋舰："吕佐夫"号战列巡洋舰（希佩尔旗舰）、"德弗林格尔"号战列巡洋舰、"赛德利茨"号战列巡洋舰、"毛奇"号战列巡洋舰、"冯·德·塔恩"号战列巡洋舰。

战列舰有 3 个舰队，依次如下：

1. 第 1 战列舰舰队：第 1 战列舰分队和第 2 战列舰分队。其中第 1 战列舰分队包括"东弗利斯兰"号战列舰、"图林根"号战列舰、"赫尔戈兰"号战列舰和"奥尔登堡"号战列舰；第 2 战列舰分队包括"波森"号战列舰、"莱茵兰"号战列舰,"拿骚"号战列舰和"威斯特法伦"号战列舰。

2. 第2战列舰舰队:第3战列舰分队和第4战列舰分队。第3战列舰分队包括"德意志"号战列舰、"西里西亚"号战列舰和"波美拉尼亚"号战列舰;第4战列舰分队包括"汉诺威"号战列舰、"黑森"号战列舰和"石荷州"号战列舰。

3. 第3战列舰舰队:第5战列舰分队和第6战列舰分队。其中第5战列舰分队包括"国王"号战列舰、"大选帝侯"号战列舰、"威廉皇太子"号战列舰和"边境总督"号战列舰;第6战列舰分队包括"恺撒"号战列舰、"皇帝"号战列舰、"柳特波德摄政王"号战列舰和"腓特烈大帝"号战列舰(舍尔的旗舰)。

第四章
混战大西洋

★ 时机把握得很好，托马斯第 5 战列舰队背后是浅黄色海平线，将舰影完全暴露；而德国舰队却躲在东方灰暗的天幕下，只有偶尔露出云层的夕阳才能勾出它们的影子。

★ 英国皇家海军本土舰队在干些什么？此刻，他们已经开到战场边缘，远处驱逐舰的炮声隐隐传来时，杰利科在"铁公爵"号战列舰的舰桥上不耐烦地等待侦察舰的报告，右舷远处的暮色中是炮口发出的点点火光。他既不清楚贝蒂所率领的舰队在哪里，也不知道德国"公海舰队"的方位。

★ 在舍尔逃跑之前，杰利科拒绝了参谋们的追击建议，因为在他看来，德国舰队现在正在远离自己的基地，他们肯定还要回来。与其把舰队投入一场互有损伤的平行炮战，不如将整个战列迅速转向 90°，横挡在舍尔的东面。这样既截断了德国舰队的归途，又可以使自己的舰队再次处于"T"字阵形的横列的有利位置上。

1. 艰难坚持

16点55分,希佩尔重新估计形势。他收到电报:舍尔将军正全力赶来。他觉得英国人差不多也进了伏击圈,于是指挥舰队转身杀上来。

17点01分,贝蒂下令舰队转向正北前进,再次进入德国人的射程。两发炮弹同时击中了"雄狮"号战列巡洋舰。火焰从许多舱室喷出来,飞溅的弹片切断了不少消防软管。贝蒂不得不再次下令

"厌战"号战列舰

转向西北。

不过，英国战列舰并没有意识到转向的必要。他们并没有收到古德诺的报告，还在一路往南开去。在16点40分，贝蒂开始转向时，托马斯第5战列舰队在后方7海里处收到旗语信号："右舷转向16个罗经点。"但这条命令并没用探照灯重复。

他们继续追赶希佩尔舰队。直到7分钟后，"巴勒姆"号战列舰和"雄狮"号战列巡洋舰擦舷而过。贝蒂再次命令用旗语通知托马斯转向，但这时宝贵的几分钟已经过去。德国"公海舰队"正用40节的相对航速快步赶上。当英国战列舰开始依次回转时，舍尔下令集中火力向转向的英国战列舰轰击。

时机把握得很好，托马斯第5战列舰队背后是浅黄色海平线，舰影完全暴露；而德国舰队却躲在东方灰暗的天幕下，只有偶尔露出云层的夕阳才能勾出它们的影子。

16点50分，"巴勒姆"号战列舰的桅杆中弹，无线电不能使用。巧合的是，参加前哨战的3支舰队旗舰都不能发电报。"勇敢"号战列舰和"厌战"号战列舰顺利完成转向，很幸运的没中弹。

急速接近中的德国舰队将所有炮火聚集到英国军舰编队最后的"马来亚"号战列舰身上：17点开始，德国"冯·德·塔恩"号战列巡洋舰就对着它开火；17点08分"威廉皇太子"号战列舰加入开火；17点10分"国王"号战列舰加入；17点27分"毛奇"号

"马来亚"号战列舰上一片狼藉

战列巡洋舰加入。于是,"马来亚"号战列舰这艘 32450 吨的巨舰始终被密集的弹雨覆盖着,每分钟有 6~9 发大口径炮弹落下。

很快,"马来亚"号战列舰就中弹连连。17 点 20 分,一发炮弹正中"马来亚"号战列舰的右舷,弹片切断了蒸汽管,白茫茫的蒸汽弥漫开去,整个舰桥的通讯机能暂时瘫痪。7 分钟后,另一发炮弹击中"马来亚"号战列舰的尾炮塔顶盖,测距仪失去作用。绝望之下,"马来亚"号战列舰的舰长让右舷副炮向海面射击,用水柱掩护撤退,但命令尚未执行,两发炮弹准确地命中"马来亚"号战列舰的右舷炮座,所有 152 毫米炮全灭,炮弹接二连三殉爆,102 名官兵在四蹿的火焰中非死即伤。

17 点 35 分,两发炮弹几乎命中同一个地方,"马来亚"号战列舰的右舷水线下方 3 米处被撕开一个大洞,顿时船体右倾 4°,燃油透过破口急速溢出。至此,"马来亚"号战列舰总共被 7 发炮弹命中。不过,"马来亚"号战列舰无愧"超无畏舰"的称号,300 万英镑的建造费用物有所值,330 毫米的装甲带扛住了德国 305 毫米舰炮的连续轰击。最后,"马来亚"号战列舰以 24 节的航速甩掉 21 节的德国战列舰,距离逐渐拉开。

德国人很气恼地看着这一切:橘黄色天幕下英国战列舰的侧面轮廓清晰可见,"用肉眼就能分辨出他们的炮管,像大甲虫的黑色触角一样上下摆动,虽然连连命中,但该死的英国人速度不减"。

17 点 27 分,战场形势是:德国"吕佐夫"号战列巡洋舰对英国"巴勒姆"号战列舰，德国"德弗林格尔"号战列巡洋舰对英国"勇敢"号战列舰，德国"塞德利茨"号战列巡洋舰对英国"厌战"号战列舰，互有攻防。

英国人为了发挥射程优势，努力拉开距离。德国"德弗林格尔"号战列巡洋舰干脆只用一座炮塔射击以节省弹药。德国"塞德利兹"号战列巡洋舰则伤势严重，一发381毫米炮弹穿过它的中部炮塔，使右边主炮失去作用，两门152毫米副炮也失去战斗力。"毛奇"号战列巡洋舰和"冯·德·塔恩"号战列巡洋舰没中弹。不过，"冯·德·塔恩"号战列巡洋舰唯一的炮塔于17点15分卡壳，完全不能使用。尽管已经失去所有主炮，"冯·德·塔恩"号战列巡洋舰的舰长决定继续留在编队中，为同伴分担一些炮火。

舍尔相信，只要集中炮火，英国的战舰会一艘艘被追上击沉，一点没有考虑为什么贝蒂掉头往北走——如果是逃回英国的话，方向应该是往西才对。德国"公海舰队"最前方的是保尔·巴恩克的舰队，旗舰为"国王"号战列舰。他们最先追上"马来亚"号战列舰和"厌战"号战列舰。火力越来越密集。稍前方的"巴勒姆"号战列舰和"勇敢"号战列舰紧紧地咬着希佩尔所率领的舰队。尽管此时可见度很差，但德国的"吕佐夫"号战列巡洋舰、"德弗林格尔"号战列巡洋舰和"塞德利茨"号战列巡洋舰还是接连被命中。

至此，贝蒂舰队已经边打边退坚持了差不多一个半小时。他知道，德国人一定上钩了，虽然损失两艘战列巡洋舰的代价未免大了一点，剩下 4 艘的战斗力尚算完整。

"减弱的日光和变厚的海雾，敌我双方喷射的硝烟和烟囱，这一切都使得远距离的交战变得困难，从 16 点 40 分转向到日落，战列巡洋舰队总共与敌方进行过 5 次短促交火。我们一次一次的改变航线接近敌人，搜索荫翳密布的海面，在雾气和烟雾中寻找可能的目标。每次发现目标后匆匆开火，他们就转向，消失在烟幕中。17 点 08 分我们丢失目标；17 点 12 分目标重新出现，17 点 33 分再次消失；然后从 17 点 38 分到 18 点 01 分，这次时间较长，交战距离从 11887 米到 13716 米不等。"贝蒂回忆，在这种短促的交火中，德国"公海舰队"的战舰更有优势。

建造中的"塞德利茨"号战列巡洋舰

当时德国采用的测距方式比英国的先进。首先由测距仪解算出对手距离，然后在这个读数上增加一定距离，发射第一发，再根据读数发射第二发，最后根据读数减去一定距离发射第三发。三发的射程间隔相同，时间相近，可以根据弹着点快速修正弹道，这种方式被称为梯次测距。而皇家海军还是采用传统的二分法测距：首先发射一发炮弹，根据弹着点调整下一发射击，直到连续两发炮弹落在对方两舷，再取中间值。用这种方式测出正确距离需要较长时间，加上德国使用的光学瞄准具远远优于英国产品，因此在第一阶段的德国军舰的命中率较高。

排除技术上的微弱优势，舍尔也同样为视野烦恼，风向由西北变成西南，枪炮和烟囱喷出的黑烟使得西北方海面模糊一片，只有轻型舰艇偶尔在烟雾中出没。虽然报告说"马来亚"号战列舰已被重创严重倾斜中，但始终没能追上。希佩尔舰队以20节航速冲进烟幕中，主力舰队被第2战列舰队的6艘老式前无畏舰拖着，航速只能保持18节左右。锅炉房也开始报告故障，从13点开始就拼命加速，以致大量煤渣来不及清理，管路阻塞，事故开始频繁发生。许多水兵从中午开始就没吃东西，部分锅炉工逐渐表现出体力不支。

遵照舍尔"全面追击"的命令，希佩尔下令掉头向西北方前进，重新搜索英国的战列巡洋舰。这无形中帮了贝蒂的忙。早在17点24分，英国人已经停止撤退，掉头向东，防止希佩尔发现英国

"德弗林格尔"号战列巡洋舰

皇家海军本土舰队逼近。根据德国战史:"由于'吕佐夫'号战列巡洋舰的电台已经彻底损坏,希佩尔无法向后方报告敌方的转向行动,因此他只能服从舍尔的追击命令。17点27分,尽管条件对他不利,第1侦察舰队开始向西北转向,全速追击英国战列巡洋舰。"

德国指挥官并没意识到贝蒂的用意,"贝蒂对时机的把握和舰队的运动可以说很巧妙,显然他们打算在我舰队前方横穿大'T'字,与西方的战列舰重新夹击我们"。17点40分,希佩尔舰队再次处于交叉火力中。贝蒂的4艘战列巡洋舰,即"雄狮"号战列巡洋舰、"皇家公主"号战列巡洋舰、"虎"号战列巡洋舰、"新西兰"号战列巡洋舰在前,"巴勒姆"号战列舰和"勇敢"号战列舰在左舷。

德国"吕佐夫"号战列巡洋舰和"德弗林格尔"号战列巡洋舰

再次中弹。"塞德利茨"号战列巡洋舰的舰首被撕开,涌入几百吨海水,船头逐渐下沉接近水面。损管队关闭所有隔水舱,不过甲板上还是火头处处。可见度下降,光线对英国人稍有利,斜阳隐藏起英国舰炮的火光,同时照花了德国炮手的眼睛——英国人可以充分利用大口径舰炮的优势了。

17点55分,贝蒂舰队继续向东开进,在烟幕下向德国先导舰队施压,迫使他们转向。5分钟后,一发炮弹击中"德弗林格尔"号战列巡洋舰首鱼雷舱,300吨海水从舰首涌进。"塞德利茨"号战列巡洋舰也多次中弹,舰桥的火势越来越大。希佩尔开始烦躁起来,咒骂那些"该死的前无畏舰耽误了主力舰队行动"。

"吕佐夫"号战列巡洋舰的无线电不能用,英国人躲在烟幕中远远发炮而德国人根本无从还击。再加上从15点起一直没空清理的锅炉开始被煤渣阻塞,"吕佐夫"号战列巡洋舰无法继续保持26节的高速。希佩尔决定违抗舍尔追击的命令,在更坏结果发生前先行撤离。几分钟后,希佩尔舰队转向南方,随后转西南,干净利索地脱离战场。

在他东北方向上,腓特烈·波迭克的第2侦察舰队正在烟幕中小心探路。第2侦察舰队包括4艘轻型巡洋舰,即"法兰克福"号轻型巡洋舰、"威斯巴登"号轻型巡洋舰、"埃尔平"号轻型巡洋舰和"皮劳"号轻型巡洋舰。

不久,他们发现东北方4海里处有一艘英国巡洋舰——那是第 3 轻型巡洋舰队旗下的"切斯特"号轻型巡洋舰。于是，他们向"切斯特"号轻型巡洋舰猛扑过去。在短时间内，"切斯特"号轻型巡洋舰中 18 发炮弹，甲板上死伤无数。

"切斯特"号轻型巡洋舰一路向东逃去，波迭克的轻型巡洋舰在后面紧追不放。远处的灰雾中，三个巨大的舰影逐渐显现出来——胡德的第 3 战列巡洋舰队的"无敌"号战列巡洋舰、"不屈"号战列巡洋舰、"不挠"号战列巡洋舰赶到了。

第 3 战列巡洋舰队从 16 点 05 分开始赶路，途中由于贝蒂舰队不断地改变方向，当胡德杀到战场时，却发现他在战场另一侧，距离希佩尔舰队右舷大约 9 海里。这时，浑身冒烟的"切斯特"号轻型巡洋舰拼命逃过来。后面的德国巡洋舰发现了英国的战列巡洋舰队，波迭克下令急速转向撤退。

17 点 55 分，英国人开火了，距离 7200 米，只持续了 5 分钟，不过相当有效。"无敌"号战列巡洋舰和"不挠"号战列巡洋舰第一次齐射就命中了德国的"威斯巴登"号轻型巡洋舰。德国人回忆了当时的一幕："爆炸的冲击传来时，所有的电灯都熄灭了。不久靠着蓄电池我们重新恢复照明，发现 6 号舱室中弹，到处是滚烫的蒸汽，轮机的转速越来越低，最后终于停止。命令通过传话筒送下来：两座引擎全速开动。我们只能绝望地回答说引擎全完蛋了。"

于是"威斯巴登"号轻型巡洋舰像死鱼一样横在海面上。锅炉工纷纷爬到甲板上帮着装炮弹——他们决心抵抗到底。

★德国设计技术高于英国

英国建造的舰只强调的是速度和火力，而牺牲的是装甲防护力。德国军舰则在降低航速和武备的基础上强调更好的防护力。

德国人在技术上的熟练显然胜过英国人。他们装有近接信管的穿甲弹穿过英国船壳爆炸，具有很大的破坏作用。英国炮弹往往碰上装甲即炸。英国方面使用的火药也存在着问题，其更易燃易爆。

英国皇家海军在运送弹药时不关闭弹药舱门，这也是一个致命的失误。在至关重要的防火系统方面，德国海军更是优越得多。德国人注意到弹药储藏室和弹药输送机也能导致弹药库火灾，立即对这两个部分进行了封闭改装。海战中，炮弹在德国炮塔里爆炸，不会引起进一步的损害，防护得很好的垂直通道能防止火势下蹿到弹药库。英国皇家海军却没有注意到这个问题，有些炮弹在炮塔里爆炸时，引起了下至火药甲板的一系列炸药爆炸。

同样，双方运送发射药包使用的容器也有区别。德国人对发射药用金属容器封闭运送，而英国人则仅仅用蚕丝口袋包裹。德国船的上甲板在长射程的炮战中提供了较好的防护，鱼雷在它们加固了的舷侧爆炸，造成的损伤也较小。而且，德国在信号技术、测距和夜战设备方面，也都超过英国主力舰队。英国海军设计师集中注意力于速度和大口径大炮，而忽视了其他必要的改进。在这次战斗中，英国皇家海军的种种缺陷是很明显的。

2. "阵形"忧虑

"皮劳"号轻型巡洋舰也挨了"不屈"号战列巡洋舰的一发炮弹。它的4座锅炉报废,不过勉强保住了足够的蒸汽,在"法兰克福"号轻型巡洋舰施放的烟幕中逃走。

正在追击"切斯特"号轻型巡洋舰的德国第12鱼雷艇队也向英国战列巡洋舰突击,掩护"皮劳"号轻型巡洋舰撤退。

第一波由"V-46"号鱼雷艇、"V-69"号鱼雷艇和"S-50"号鱼雷艇发动。接近到6457米距离上,它们向胡德的舰队射出4枚鱼雷,但遭英国前卫驱逐舰队的反击,无法确认成果。

第二波由"V-45"号鱼雷艇和"G-37"号鱼雷艇发动,但只射出两枚鱼雷后它们便匆匆离去。

此时波迭克已经报告新的英国战舰加入,希佩尔向右舷大概望了一下,断定那是战列舰,是英国主力舰队的前卫。18点钟,他下令海因里希马上率领31艘鱼雷艇攻击右舷的胡德舰队。

"雷根斯堡"号轻型巡洋舰上升起代表Z字的格子旗,全速突击开始。德舰一边避过第2鱼雷艇队撤下来的鱼雷艇,一边与英国驱逐舰展开混战。它们大约放出了12枚鱼雷,所有轨迹都湮没在浓烟里,无一命中。英国"阿卡斯塔"号驱逐舰一直冲到能看见德国战列巡洋舰的距离，却被德国"吕佐夫"号战列巡洋舰侧舷的150毫米副炮命中两发，失去动力，最终被拖带回港。英国"鲨鱼"号驱逐舰受伤较重，先后被105毫米炮弹和鱼雷艇的88毫米炮弹击中。"鲨鱼"号驱逐舰前炮塔完全炸飞，舰桥被击毁，转向装置失灵，引擎停转，连救生艇都被打坏。德国鱼雷艇将"鲨鱼"号驱逐舰击沉，导致90名水手中86人战死。

由于这次鱼雷攻击成效不大，希佩尔下定决心要脱离战斗。他将航速稍减，打算等后方的舍尔舰队跟进后，一起向东北方开去。

18点22分，"浓雾突然散去，我们突然发现自己面对着英国皇家海军本土舰队的所有炮口，海平面尽头满是橘黄色的火光"。希佩尔回忆道："如果德国的鱼雷艇群刚才不是在对付英国驱逐舰，如果他们向西北方做一下搜索，如果他们发现了英国舰队主力并

救生艇救起落水的英国水手

进行鱼雷攻击，大战的结果可能是另一个样子。"战争中运气也很重要，舍尔在临终前依然为之耿耿："天意如此，让英国人先画完最后一笔，在最关键时刻的这点遗憾，让我无法安心前往另一个世界。"

英国皇家海军本土舰队在干些什么？此刻，他们已经开到战场边缘，远处驱逐舰的炮声隐隐传来时，杰利科在"铁公爵"号战列舰的舰桥上不耐烦地等待侦察舰的报告，右舷远处的暮色中是炮口发出的点点火光。他既不清楚贝蒂所率领的舰队在哪里，也不知道德国"公海舰队"的方位。

尽管这样，他也迟迟不命令第4轻型巡洋舰队前出侦察，依然把它们列在战列舰前充当"鱼雷屏障"。从16点38分"南安普顿"号轻型巡洋舰发回消息到现在，英军前卫舰艇一直在接战中。截至18点为止，它们只发回过8次准确的报告和一些断断续续不确定的目击记录。其中6次是来自古德诺的"南安普顿"号轻型巡洋舰，贝蒂只是很含糊的用电报告知"敌舰东南"，要么是"怀疑为敌方的 26～30 艘战列舰，方向东南"。

在"铁公爵"号战列舰的两侧身后，另外23艘战列舰正待命出击。它们平行排成6列，以巡航队形前进，每列相距1822米。时间正一分一秒过去，每过一分钟，德国舰队就接近它们1200米。

杰利科是炮术军官出身，深信炮火是一切海战的决定因素。另一方面，"英国皇家海军本土舰队是帝国仅有唯一的支柱"，因此自身舰队的安全在杰利科头脑中占第一优先位置，哪怕放弃战斗机会，也要保障舰队安全。因此将主力分散成几个集群进行快速穿插在他看来是绝对不能容忍的，那等于提供对方各个击破的机会。

处于关键时刻，杰利科紧张地想：一旦位置判断错误被对方横切大"T"字，数量的优势就会被抵消，落得像对马海战中俄国人一样的下场；不过如果一直等到看见德国舰队再布阵，显然为时过晚，一些战舰的开火角度被阻挡，一些战舰在敌前转向。此时，德国人只要来一次鱼雷快攻，就会造成灾难性后果。

杰利科小心翼翼，而身在前线的贝蒂和胡德的战列巡洋舰都在接战中。伤痕累累的"切斯特"号轻型巡洋舰正试图灭火，没有发回正确的情报。远在伦敦的海军部也指望不上，只能断断续续提供一些监听来的情报。

18点03分，杰利科接到古德诺新的报告："失去敌方战列舰队踪迹，正与战列巡洋舰交战，方位北纬56°57′，东经5°43′，方向东北偏东，26节航速。"这多少提供了一点帮助，不过在英国皇家海军本土舰队前方放哨的装甲巡洋舰已经逐渐南下，与总旗舰失去目视联系。杰利科只能询问位于右舷最靠外的"马尔巴罗"号战列舰："你能看到什么？""马尔巴罗"号战列舰回复："我方战列巡洋舰从西南偏南，往东前进，'雄狮'号战列巡洋舰带头。"5分钟后，"马尔巴罗"号战列舰又报告"第5战列舰

第四章 混战大西洋

英国海军"雄狮"号战列巡洋舰

队,西南方出现"。这表明贝蒂的位置比预料中的偏差9海里,原本以为"雄狮"号战列巡洋舰在"铁公爵"号战列舰东南7海里的,实际是在南方3海里。不久,"铁公爵"号战列舰自己的观察哨也看到他们了。

这时,杰利科开始明了德国舰队的位置,德国人比预料的还要接近,英国皇家海军本土舰队只有15分钟时间将6列纵队变成单列。一秒钟都不能再浪费了。就在这种时候,杰利科还不敢确认,谨小慎微的个性暴露无遗。他听着远处越来越接近的炮声,喃喃自语:"希望有人告诉我那是谁在开炮,在向谁开炮?"于是,他下令用探照灯信号询问"雄狮"号战列巡洋舰:"敌人舰队到底在哪里?"

贝蒂上一次见到舍尔舰队已经是一小时前的事,他只能含糊的

英国"铁公爵"号战列舰

回答"东南方"。这样的答复当然让人不满,"铁公爵"号战列舰再次询问了一遍。很幸运的,"雄狮"号战列巡洋舰的观察哨此刻刚好发现德国第3战列舰队遥遥地出现在海平面上。于是18点14分,贝蒂舰队回答:"西南偏南位置发现敌方舰队。"不久,"巴勒姆"号战列舰也发回相同报告。

情形很清楚了,但杰利科还有一件为难事。根据他回忆:"当时我要做的决定,就是命令全舰队向左舷,还是向右舷展开。我的第一反应是向右舷,这样可以在最短时间内与敌方接战。不过根据'雄狮'号和'巴勒姆'号的报告,显然对方已近在咫尺,此刻在烟幕中向右展开,整个舰列可能被对方前卫的驱逐舰袭击,这无异于自杀;当然向左展开也有坏处,首先是'马尔巴罗'号带领的第6战列舰队会在舰列顶端,此处的敌军炮火最集中,而该舰队的'大力神'号和'阿金库尔'号两艘战列舰相对比较薄弱。另一个坏处是可能与敌方舰列平行,无法击中敌方所有炮火。"

向左还是向右,这就是问题所在。6万名官兵不耐烦地等着。当事人承受的压力是无法想象的。"铁公爵"号战列舰的舰长回忆:"当时我正在查看前进方向,突然听到总司令快速、独一无二的脚步声,他走到罗盘前静静打量。我望着那张饱经风霜的脸,心想,他打算怎么办?"

20秒钟后,杰利科抬起头来,用一如既往的冷漠语调对信号官下令:"匀速前进,方向东南。"信号官建议:是不是向左偏一个罗经点,这样大家都知道是向左舷展开。

"很好,升起匀速前进的角旗,方向东南偏东。"

18点15分,"铁公爵"号战列舰升起三面信号旗,最上面的是蓝白竖条相见的三角旗,表示匀速前进;同时用电报通知:从左侧开始的战列舰依次向左舷转向,随着舰队旗舰跟进,以"乔治五世"号战列舰为首,战列舰队一字排开。

英国皇家海军现全速前进!十几分钟后,德国舰队在望。不过只是模糊的一瞥,上百个烟囱冒出的浓烟使视野极其模糊。

贝蒂舰队终于等来了大部队,现在缓了一口气。他们高速插上,位置在整个舰队的最前端。杰利科下令战列舰群适当减速好让战列巡洋舰先通过。这多少推迟了接战时间。

托马斯带着第5战列舰队意识到来不及开到最前端,干脆排在最末尾。现在整个舰列有11.2公里长了。在战列舰队前方的装甲巡洋舰突然冲出,拉开主力舰队决战的序幕。

罗伯特的任务是率领第1巡洋舰队担任前卫。当看到德国人的巡洋舰时,他忍不住率领"防御"装甲巡洋舰和"武士"号装甲巡洋舰抢先出击。此后,他们一直跟德国巡洋舰时断时续地交火。

18点05分,这两艘装甲巡洋舰从左舷向右绕过"雄狮"号战列巡洋舰的舰首,突然发现还在海面上漂浮的"威斯巴登"号轻型巡洋舰,指挥下令接近到5457米距离向奄奄一息的"威斯巴登"号轻型巡洋舰开火。

实际上，德国人并没忘记受伤掉队的"威斯巴登"号轻型巡洋舰，派了一艘鱼雷艇去拖带。希佩尔舰队做了180°转身后，致电舍尔表示正全速向"威斯巴登"号轻型巡洋舰开去；同时"国王"号战列舰上的巴恩克注意到这种情形，下令全舰队向左舷转过两点，以隔开贝蒂舰队的火力，掩护救援行动。

★海战战术

第一次世界大战时，舰队通常是排成若干平行纵队前进的，相对而言，这一队形机动性更高。若干较短的纵队能比一字长蛇阵更快地转向，同时也能更快地将旗舰的信号通过探照灯或旗语传递给整个舰队。

而在一字长蛇阵中，位于纵队之首的旗舰上发出的信号往往需要花10分钟甚至更多时间才能被传递到纵队最后的舰船，原因是战舰烟囱中的冒出的黑烟使人们很难辨认前后发来的信号，每艘船都不得不重复向它后面或前面的船发出自己所接收的消息。而由于很多消息必须被每艘船确认收到才能付诸实施，因此这样浪费的时间可能会翻倍。

第一次世界大战中，英国皇家海军排成平行纵队前进实战中，舰队往往会在交火之前排成一路纵队来迎战敌舰。这就需要每个纵队领航的舰只引领其率领的舰艇左转或右转来排成合适的队形。由于交战双方的舰队都是以高速行进的，因此舰队指挥官们就需要派

德国庞大的"公海舰队"阵容

出侦察舰队（通常由战列巡洋舰和轻型巡洋舰组成）来报告敌方的位置、速度、航向等信息，使得舰队能够尽早地排成最有利的队形来迎战敌舰。侦察舰队同时还要尽量避免对方的侦察舰队获得类似的信息。

最理想的情况，就是己方排成的纵队正好横在对方舰队的前进路线上，构成一个"T"字或"丁"字形，使得己方所有前后主炮和一侧的所有舷炮都能瞄准对方，而对方只有纵队最前方的舰艇的前方主炮能够予以还击。但构成一个"T"字形队形的计划有很大一部分要取决运气：由于双方都已高速前进，很有可能因为时机没有掌握好，导致自己从"丁"字的一横变成了一竖，从而被动挨打。

3. 狭路相逢

英国巡洋舰丝毫没有意识到大批德国战舰已经在浓雾中悄悄接近。德国人杀气腾腾。"18 点 10 分，测距仪算出英国巡洋舰的方位距离，我们用最快的速度下令调整主炮，向那些折磨'威斯巴登'号轻型巡洋舰的混蛋开火。18 点 16 分，第二次射击正中目标，巨大的烟柱升起来，弹药库爆炸。第二艘巡洋舰被击中后也掉头逃跑了。"

无法确认"防御"号装甲巡洋舰究竟是谁击沉的。在附近的"吕佐夫"号战列巡洋舰、"国王"号战列舰、"大选帝侯"号战列舰和"边境总督"号战列舰的开火记录中都有类似的描述，"防御"号装甲巡洋舰和所有 893 名水手在复仇的火网下爆炸消失。"武士"号装甲巡洋舰的引擎室在水面下被撕开，冒出滚滚浓烟，在舰长指挥下边抢修边向后撤退，第二天由"恩格丁"号飞机航空母舰拖带时沉没。

位于英国舰列末尾的"厌战"号战列舰目睹了这一切："两条巡洋舰承受了原先瞄准我们的炮火，'防御'号装甲巡洋舰当场爆炸，舰底飞到空中整整 15 米高，真是罕见的场面。'武士'号装甲巡洋舰和'黑王子'号装甲巡洋舰也受创，我们把那个地方称为'风暴

快速行驶中的"厌战"号战列舰

角'。这时后方的'马来亚'号战列舰突然接近，大伙儿扣紧头盔，做好碰撞的准备。我们的转向装置在先前的战斗中已经出现问题，现在干脆卡住。于是本舰向右舷大转弯，接近重伤的'武士'，德国的炮火纷纷向我们转来……"

"实际上，'厌战'号战列舰正抓紧时间迅速调转炮塔，向右舷打横——这些大动作是当着德国人的面完成的。极短时间内，'厌战'号战列舰被大口径炮弹命中13发之多——整整30分钟内，有30多艘德国军舰在零距离向我们开火，各种炮弹落到甲板上的声音就像一个连的小口径火器在齐发连射。事后在舰上总共找到150多个穿孔，烟囱被打成漏勺，主桅扭曲得不像样，B炮塔报销了，侧舷的152毫米炮座被击中，弹药陆续爆炸。随舰牧师从火堆中拖出一个个伤员，直到自己身上每片布都烧起来，这为他赢得了优质服务勋章。最后当我们回到罗塞斯港时，全舰还有7个地方起火，海水淹到后甲板，只有两门主炮和两门副炮还能用。"

英国两艘驱逐舰曾经为"恩格丁"号水上飞机航空母舰担任警戒。在希佩尔转身杀过来时，它们发动过一次不成功的鱼雷攻击后，继续为贝蒂舰队担任警卫。之后，它们决定攻击"威斯巴登"号轻型巡洋舰。其中一艘驱逐舰的引擎在先前的行动中已经受损，速度只有10节，当它离"威斯巴登"号轻型巡洋舰约1海里时，舰长托维惊讶地发现右舷出现整整一长溜德国战列舰，当头的依然是"吕佐夫"号战列巡洋舰。在接下来的时间里，这艘驱逐舰被反

"毛奇"号战列巡洋舰

应神速的德舰击中三次，只能在另一艘驱逐舰的烟幕掩护下撤退。

此时，贝蒂舰队已经越过"铁公爵"号战列舰，而德国"公海舰队"也布阵完毕。钻出烟幕的德国战列巡洋舰和战列舰突然发现前方10972米处立起一道火墙，火力是如此迅猛，以至于"毛奇"号战列巡洋舰的报告中提到前方出现8到10艘伊丽莎白女王级战列舰。英军的炮击将在接下来几分钟内达到高潮。

装甲钢对装甲钢，线膛炮对线膛炮，数年来经济实力、工业程度、技术水准的较量，情报人员和指挥官无数次的刺探和谋划，成千上万名水兵的操练，两个国家的命运和荣誉，一切都将在短短几小时内较出高下。

于是在短短10分钟内，各种各样的旗语和舰旗从每艘船的桅

第四章 混战大西洋

正在射击的德舰

杆上升起来,大的、小的、三角的、正方的、丝绸的、亚麻的,炮弹溅起巨大的水柱像瀑布。

"东北方海面到处是火焰,数不清的炮口的闪光刺破雾气和黑烟。"舍尔站在"腓特烈大帝"号战列舰的舰桥上咋舌不已——他给别人下套子,没想到却跳进了别人的套子。德国"公海舰队"正以20节航速向杰利科率领的英国皇家海军舰队开去。英国舰队摆成标准的"一"字,用全部侧舷火力开火,德国战舰排列成"1"字,只有当先几艘才能开炮还击。

"马尔巴罗"号战列舰在英军最前端,"当贝蒂的战列巡洋舰过去后,烟雾逐渐散开,对手出现了,当头的是4艘恺撒级战列舰,跟着4艘国王级战列舰"。

18点17分,"马尔巴罗"号战列舰向右舷110度距离11887米的德国战列舰开火;18点24分"阿金库尔"号战列舰的14门305毫米主炮向距离9144米的战列巡洋舰开火。随后,所有24艘战列舰陆续开火。不幸的"威斯巴登"号轻型巡洋舰发现自己正处于英国军舰火力的中心。

在短短5分钟内,"铁公爵"号战列舰向"国王"号战列舰齐射了9轮共计46发炮弹。其中一发在"国王"号战列舰的舰桥附近爆炸。希佩尔的战列巡洋舰在那最艰难的几分钟内再次受创,勉强转向东南。在旗舰"国王"号战列舰上,很快医疗室就人满为患,许多伤员在甲板上接受急救。这次超过400门大口径舰炮一起发射只持续了大约一刻钟，拼命发射的火炮和过热的锅炉喷出浓烟，混合了傍晚海上的雾气变作灰色的幕布将双方暂时分开。如果不是因为厚重的烟雾，德国"公海舰队"的数万名官兵很可能都死无葬身之地。

不过，英国枪炮官们的报告开始含糊起来：

"'贝勒丰'号，18点15分发现灰色可疑舰只逃离，18点25分开火，无法确认成果。"

"'本鲍'号，18点29分向'吕佐夫'号战列巡洋舰开火，对方逃离，距离914米，无法确定成果。"

"'征服者'号，18点31分，距离11822米向'边境总督'号战列舰开火，对方快速消失。"

"'君王'号，18点33分，右舷95°有5艘战列舰，3艘国王级，2艘恺撒级，向带头的国王级战列舰开火，第一发落在舰尾远处，第二发在后甲板附近跨射，对手消失。向恺撒级战列舰开火，无法确认成果。"

神奇的是，此时"威斯巴登"号轻型巡洋舰还浮在那里。当德国战舰纷纷消失后，不少英国战列舰也转开炮口，无视它的存在。当炮手询问是否射击时，枪炮官们回答"等请示了舰长再说"。

贝蒂和胡德的战列巡洋舰此刻正在向东南方猛追，认定希佩尔是他们的宿敌。七对五！

英国人有贝蒂的"雄狮"号战列巡洋舰、"皇家公主"号战列

德国"德弗林格尔"号战列巡洋舰

巡洋舰、"虎"号战列舰巡洋舰、"新西兰"号战列巡洋舰，加上胡德的"无敌"号战列巡洋舰、"不屈"号战列巡洋舰、"不挠"号战列巡洋舰。

德国人的战列巡洋舰从舰体到水兵都已到达极限，"吕佐夫"号战列巡洋舰再次中弹，一次剧烈的爆炸把前炮塔彻底掀掉，大量海水涌进前部舱室和侧舷的鱼雷舱，舰首沉到海面下，勉强以15节航速前进。这是"无敌"号战列巡洋舰的成就，当时它冲在整个舰队最前面，紧跟的是"不屈"号战列巡洋舰和"不挠"号战列巡洋舰，再后面是贝蒂舰队。'无敌'号战列巡洋舰的枪炮官回忆，在 7200 米向对方先导舰开火，8 分钟内观测到 8 次命中。胡德在通话筒里大叫："干得好，就这样不停开火快速开火，要发发见血！"

18 点 31 分，"德弗林格尔"号战列巡洋舰为它的姐妹舰报仇了："东方的厚重烟雾突然散去，就像剧院的幕布被拉起。我看到那片被隐藏的海平面出现一艘战舰，桅杆之间有两个烟囱，第三个烟囱在三角桅后方。它的炮口正向这边转来，我下令向它发射最后一轮齐射，于是继'玛丽王后'号战列巡洋舰和'防御'号装甲巡洋舰沉没之后，得以第三次见到如此壮观的景象：火焰里包裹着一连串急速猛烈的爆炸，桅杆倒塌了，闪亮的碎片四处飞旋，船体中部断裂，黑色的煤烟和白色的蒸汽从所有方向冒出来，巨大的烟柱向空中升去，就像裹尸布的颜色。我朝话筒大喊：'敌舰爆炸！'掌声和欢呼如雷鸣一般席卷甲板上每个角落。"

17250 吨的英国"无敌"号战列巡洋舰被德国人狠狠轰了一通，

"无敌"号战列巡洋舰被炸成两截

1037 名官兵只有 6 人生还。在此之前，"无敌"号战列巡洋舰虽然已经吃过几炮，但都不足以致命。对它最大的打击来自 Q 炮塔遭到直接攻击——305 毫米穿甲弹在炮塔内部爆炸，掀掉了炮塔顶盖并引爆弹药库。"无敌"号战列巡洋舰从中部折成两截，慢慢沉入北海。取得这一战果的德国"德弗林格尔"号战列巡洋舰毫无疑问是这次海战中最闪亮的明星。

由于当时可见度很差，以至胡德第 3 战列巡洋舰队末尾的"不屈"号战列巡洋舰都没意识到旗舰被击沉。当经过海面上依然矗立的艏艉两节残骸时，不少人欢呼起来，认为那是德国战舰，只有少数人注意到舰尾依稀写着"无敌"的舰名。英国"鹳"号驱逐舰也认为那是德国战舰，准备了武装警卫过去打捞"战俘"，这才发现救起来的是自己人。

截至此时，希佩尔所率领的舰队可谓战果累累。不过，他无暇考虑在港口等待着的荣誉。"吕佐夫"号战列巡洋舰的伤势已经无可挽救。18 点 45 分，"吕佐夫"号战列巡洋舰在烟幕掩护下离开战场，蹒跚着向西南独自开去。

看着甲板上的水手灭火，希佩尔暂时无事可干，转头对参谋说："我们今天所看的所想的，恐怕要让海军学院的'学者们'抓破头皮了。"确实如此，鏖战至今，他的所有命令和决定都是基于战术本能在第一时间做出，决无迟疑。希佩尔在日德兰海战中表现出的指挥才能为双方将领所赞佩。以至于 1934 年他去世时，贝蒂沉默

第四章　混战大西洋

"塞德利茨"号战列巡洋舰海战中进水5300多吨后依然撑回港口

半晌说："一个堂堂正正的军人，了不起的老水手。"

负责接应的"G-39"号鱼雷艇慢慢靠近，艇员们惊讶地看着"弹痕历历在目的'吕佐夫'号战列巡洋舰，舱口冒出来的火舌舔着每寸甲板，第1鱼雷艇队和第12鱼雷艇队正在施放烟幕，暂时阻断敌人视线"。无视于周围的嘈杂和慌乱，希佩尔一脸平静地踏上鱼雷艇，第一句话就是："用最快的速度开往最近的'塞德利茨'号战列巡洋舰！我要登上去，重新开始指挥。"

就在希佩尔离开后不久，19点15分，一连4发炮弹相继击中"吕佐夫"号战列巡洋舰。"吕佐夫"号战列巡洋舰上的火势再也无法控制。19点45分，"吕佐夫"号战列巡洋舰射出了最后一发炮弹，再也无能为力。

"我完全看不见战列巡洋舰在哪里。"舍尔记录道，"我决定将舰列向后转动，不然在转向点等待我们的将是毁灭。"此时，第5鱼雷艇队根据盘问俘虏得知了英国舰队的底细——英军总共有超过60艘大型军舰。舍尔下定决心，全体作一次战术大转弯。

从战列后端开始，每条船将在敌人炮火前回转180°。这种举动是相当危险的，极易引起碰撞使舰列乱成一团。不过，这个风险必须接受。信号发出后德国战舰开始依次转向，整个过程井然有序。战列巡洋舰和战列舰右满舵大转身，机械师们上下忙碌，在白色蒸汽和黑色煤渣上打滚，这个时候如果引擎或者船舵出点问题，那就一切都完了。

几分钟后，德国"公海舰队"向西南方脱离战斗：只有希佩尔舰队和巴恩克第3战列舰队有一定损伤，另外两个战列舰队从未进入英国军舰射程，战力完整。

18点38分，德国的战列巡洋舰也开始依次转向，跟在"国王"号战列舰后面向西方撤去。"吕佐夫"号战列巡洋舰无法跟上大队行动，"塞德利茨"号战列巡洋舰的转向控制室被击穿，暂时只能由转向引擎室直接控制；"德弗林格尔"号战列巡洋舰也有麻烦，鱼雷网已经被弹片撕破，正挂在舰尾晃荡，随时可能缠住螺旋桨，它不得不停摆两分钟，水兵纷纷爬出来用太平斧乱砍一气。这种几百吨重的鱼雷网不仅影响航速，而且在实战中证明毫无作用——仅能提供局部防护，更严重的是常常威胁到螺旋桨。英国在开战前不久就扔掉了这套东西，德国一直到日德兰海战之后才接受教训。

皇家海军情报部在事后评价：当舍尔决定转向时，英国舰队暂时的优势就像纸牌搭的房子一样塌下来，即便刚转过身的德国舰队极其脆弱。

★ 杰利科的选择

1916年5月31日，当戴维·贝蒂的战列巡洋舰队将德国"公海舰队"引诱过来时，杰利科的24艘战列舰形成了完美的展开。就在最后一艘战列舰完成转向，舍尔的前卫军舰身影在海平线上显露出来。当舍尔的舰队遭到暴风骤雨般的炮击，他们方才醒悟过来，远处海平面忽明忽暗的闪光是来自于英国主力战列舰队之齐射。

这次完美的展开并未能为杰利科赢取大胜，他因为担心德国人发动的鱼雷进攻而采取防御性的转向，使舍尔得以率部逃脱。

4. 自杀冲击

杰利科却没有意识到发生了什么，当敌人消失后，他和其他舰长一样认为那只是浓雾的阻隔。到此，"铁公爵"号战列舰只发射过9轮炮弹。一个桅杆上的观察兵将其形容为"捉迷藏游戏，对方时不时在烟雾中出现，短短几分钟后再消失不见，就像兔子从一个洞跑进另一个洞里。"此时英国的侦察体系再次处于瘫痪状态，舰列前面的"法尔茅斯"号轻型巡洋舰和"坎特布雷"号轻型巡洋舰明明看到德国大转向，不少战列舰的观察哨也都观察到这次动作，但没人想起通知舰桥，因为觉得"反正大家都能看见。"

直到18点44分，英国战舰才开始小心翼翼地向德国人消失的方向开去，重新散成6列前进。10分钟过去后，他们依然没发现德国军舰的影子。杰利科才觉察到"一定有其他什么原因"，下令全体转向南方。

此时，舰列最外端的"马尔巴罗"号战列舰开始陆陆续续受到来自德国驱逐舰或潜艇的鱼雷骚扰。观察哨报告由3枚鱼雷正从后方接近，被回避躲过。18点54分"马尔巴罗"号战列舰的舰桥前部发生爆炸，全舰右倾7°。指挥官报告说，是因为一发鱼雷或水雷。这给杰利科造成一种错觉，即德国战舰向西撤退是种圈套，在那边等待的是水雷、潜艇和驱逐舰。

不久，英国"乔治五世"号战列舰紧急报告：在你前方有潜艇！于是，杰利科迟迟不下令西进。实际上，最近的德国潜艇也在几百公里外——子虚乌有的德国潜艇居然阻挡了整个英国皇家海军本土舰队。

处在最前方的贝蒂还在用25节推进，搜索西南方。18点50分，他突然下令右舷转向，4艘战列巡洋舰掉头回航。这使他与德国舰队之间的距离重新拉开了4500～7200米。18点55分，"铁公爵"号战列舰命令用灯光信号询问"雄狮"号战列巡洋舰："你能看见德国战列舰吗？""不。"后者简短地回答。

实际上，击中"马尔巴罗"号战列舰的鱼雷来自德国第3鱼雷艇队。他们奉命营救"威斯巴登"号轻型巡洋舰上的水兵，但英国舰队将其理解成攻击行为，纷纷开火射击，冲在最前的V48号鱼雷艇被击中当场爆炸沉没。德国指挥官眼见不敌，下令撤退，剩下的鱼雷艇悻悻离去。"威斯巴登"号轻型巡洋舰上的活人已经所剩无几，却没有人跳水逃生。一群驱逐舰逐渐围拢过来，打算用鱼雷结果这个顽强的对手。

"威斯巴登"号轻型巡洋舰

古德诺的"南安普顿"号轻型巡洋舰发来一则消息:"19点04分,敌舰队转往东南偏东方向,本舰接战中。"于是,英国舰队掉头西去。"威斯巴登"号轻型巡洋舰孤零零地漂在海面上,最后于6月1日凌晨2点24分终于沉没,死者人数达589人。

在数分钟前,贝蒂也报告"敌舰队在西方"。一大群德国鱼雷艇重新接近,证实了这个事实。

就在成功实施第一次大转向20分钟后,舍尔突然率领德国舰队第二次转向后重新杀上,再次进入英国战列舰群的致命火网中。在战后舍尔写给德国皇帝威廉二世的信中,他试图说明这么做的动机:"当时脱离接触开始夜间巡航显然还为时过早,对方占据先手,可以一直从后方实施压迫，使我无法实施预定的战略企图。更重要的是对方可能阻断退路，让我舰队无法返回母港。反击的方法只有一个，就是不计后果重新掉头东进，用所有鱼雷艇实施快攻。这种奇袭一旦成功我们将重新掌握战场主动……"

不过，在另外一次与威廉二世的口头谈话中，他承认："在和平时期，像我这样性格的人也许会被认为不具备资格指挥舰队。"因此，舍尔好斗的个性是他重新杀过来的重要原因之一——普鲁士军人的荣誉感使他无法忍受"无能者""胆小鬼"之类的骂名。

而事实上，舍尔当时并不清楚英国舰队的位置。根据18点45分最后一次报告中对方的方位和航向推测，舍尔得知的位置比杰利科实际的位置向东南偏差了7海里，他不知道英国人已经变换航向迟迟疑疑往西开来。德国巡洋舰也马马虎虎侦察了一下，没发现英军军舰所在。于是，舍尔觉得英国人担心遭到德国潜艇伏击，已经走了，他们回航刚好可以抓住对方的尾巴。

总之，为了荣誉，为了胜利，不管怎样的原因，舍尔率领德国"公海舰队"转身杀出了个回马枪。

在舍尔逃跑之前，杰利科拒绝了参谋们的追击建议，因为在他看来，德国舰队现在正在远离自己的基地，他们肯定还要回来。与其把舰队投入一场互有损伤的平行炮战，不如将整个战列迅速转向90°，横挡在舍尔的东面。这样既截断了德国舰队的归途，又可以使自己的舰队再次处于"T"字阵形的横列的有利位置上。

德国"公海舰队"

果不出杰利科所料，19点10分，德国舰队冲出薄雾，迎头撞向英国皇家海军主力舰队战列左舷的中部。此时天色更晚，英国舰队几乎完全隐蔽在夜色当中，而德国舰队还在西方微明的天色中显露出剪影。形势对英国人极其有利。在8100米的距离上，英国人就开始齐射。

杰利科战列舰群的343毫米舰炮打出一道灼热的火网。相比之下，德国还击的火力就虚弱很多。此刻，英国舰队依然占据优势，排成一条横线，调动火炮齐射，只有最前端的"巨人"号战列舰被"塞德利茨"号战列巡洋舰命中一弹，"大力神"号战列舰和"阿金库尔"号战列舰遭近失弹攻击。德国第5战列舰分队和部分第6战列舰分队的战列舰在火网前拼命试图止住步子，纷纷减速甚至倒退，结果挤成一团。

"赫尔戈兰"号战列舰上的士兵回忆："突然一声巨响传来，好像被人重重打了一记耳光，脑子嗡嗡乱响，中弹了。那是在19点19分，有人贴着我的耳朵大叫：'谢天谢地，这次大伙儿可以回家了。'军官马上命令他闭嘴，去调查死伤情况。有一发炮弹钻进水线上方15号舱室，居然没有伤亡。于是我们开始讨论要修理多久，弹片时不时敲打着炮塔的外壳。另外8门305毫米炮慢速射击，前面的'恺撒'号战列舰则发疯一样拼命开火。"

当时，"恺撒"号战列舰总共发射305毫米炮弹224发，是所有战列舰中第二名，而第一名"边境总督"号战列舰发射了254发。"恺撒"号战列舰中弹两发，仅有一个水手受轻伤。

德国"国王"号战列舰

希佩尔搭乘的鱼雷艇此时接近"德弗林格尔"号战列巡洋舰，发现它的桅杆和上层建筑几乎被弹片洗过一遍，所有无线电设施和探照灯都被打坏，舰首水线开了近1米的大洞，航速稍快就会灌水，显然不适合作为旗舰。他们接着赶往"塞德利茨"号战列巡洋舰，发现它的前甲板已经在水面以下，电台同样损坏。于是，他们又开往"冯·德·塔恩"号战列巡洋舰，它的每座炮塔都被打坏，失去战斗能力。没办法，希佩尔只好继续在炮火下赶往靠后面的"毛奇"号战列巡洋舰。

舍尔眼前的局势糟糕之极，前卫正在火网下苦撑，中军乱成一团，队形散乱，每分钟的犹豫都会造成全军覆灭。"国王"号战列舰已经吃了1发381毫米炮弹和9发343毫米炮弹，舰长负伤。"大选帝侯"号战列舰中了5发381毫米、3发343毫米炮弹。"腓特烈大帝"号战列舰也开始起火，"第5战列舰分队在敌舰集中火力打击下伤亡惨重，而我们的对手很巧妙地躲在暗灰的天幕，观察哨只能看见炮口的闪光"。这说明光线观瞄对德国"公海舰队"也极为不利，舍尔决定再次采取非常措施。

不过这次情况更加严重，光靠大转向不足以争取时间，在一番取舍后，他做出了决定。19点13分，德国的战列舰舰长们收到一个近乎疯狂的命令：冲向敌舰，不惜一切！

每个人都很清楚命令意味着什么。千疮百孔的战列巡洋舰必须向英国舰队火力最密集的地方做最后一次突击，牺牲自己为主力换取转身的时间。此刻，希佩尔搭乘的鱼雷艇已经接近"毛奇"号战列巡洋舰。参谋们建议希佩尔改换一艘国王级战列舰作为旗舰。希佩尔一言不发踏上"毛奇"号战列巡洋舰的甲板，升起旗舰旗。

德国的战列巡洋舰从开战至今一直站在最前沿，无数次同死神擦肩而过。"辉煌过后，让我们一起承受最后的磨难。"现在"德弗林格尔"号战列巡洋舰前方的海域无疑是地狱之门：英国皇家海军本土舰队超过200门大口径舰炮在7200米距离上不停倾泻。英国人将其称为"死亡冲刺"，不过事后，不管是希佩尔，还是其他舰长的日志中，只是简单交代"奉命向敌舰前进"。

最前面的是"德弗林格尔"号战列巡洋舰，它的正面有16艘英国战列舰，右舷东南方有6艘战列巡洋舰。19点13分，一发

德国战列巡洋舰队

13.5毫米穿甲弹击穿"德弗林格尔"号战列巡洋舰的装甲板。

1分钟后，381毫米炮弹从"德弗林格尔"号战列巡洋舰的顶部插入内部爆炸。炮塔指挥官双腿被弹片削断，其余炮手全部阵亡。炮室的发射药着火，并蔓延到下面的输弹舱。这些火药只是燃烧而没有爆炸。损管队紧急向两座炮塔注水，防止火势扩大而引爆弹药。在78名官兵中，只有已经被严重烧伤的5人从炮塔顶部的抛弹口中爬出，剩下的73人不是烧死就是淹死。

19点16分，第二发381毫米炮弹顶盖。同样的悲剧再次发生，只有一名炮手站在打开的舱门附近，被爆炸的气浪抛出，其余80名官兵在瞬间被杀死。毒气开始渗进了射控命令传送室，所有人不得不撤离。射控室的命令只能用传话筒发布，再用电话传达到炮塔。

此时，英国舰队已经测定距离，射击更加集中精确，一发炮弹落在舰桥上，"德弗林格尔"号战列巡洋舰的舰长后来回忆："就像被巨人猛力一击，每面墙壁都在震颤发抖，炮弹落在我前面不到50厘米的地方，幸好角度不够，未能击穿装甲板。黄绿色的气体丝丝缕缕渗进来，防毒面具戴上，我嘶哑着嗓子继续指挥射击，传话筒那头也是吵声一片。当毒气终于散去后，我们发现舱门已经被爆炸震开并且卡死，外面的雷鸣和咆哮清晰入耳，又一次尖啸落下，舰桥的装甲板被扭曲成奇怪的形状，海图室和里面的人永远消失了。爆炸的气浪把门震松，再次关上。自己开的门自己关上，英国人永远这么礼貌。"

★舍尔的拼命精神

在日德兰海战中,由于通往德国本土基地的航路被英国舰队切断,德国"公海舰队"只得向西南方向逃窜——这就是说德国"公海舰队"跑得越远,离东南方向的本土基地也就越远。舍尔见杰利科没实施追击,判断杰利科一定是把他的主力舰队部署到自己的返航航线上去了,这比追击更加可怕。于是,舍尔决定趁英国舰队变换队形时转身杀回去,从主力舰队的尾部实施突破,打破英军的封锁,拼杀出一条血路,返回基地。

一番琢磨之后,舍尔再次下达了全舰队转向的命令。不幸的是,由于参谋们的计算误差,德国"公海舰队"没有冲向英国主力舰队的尾部,而是直接撞入了英国主力舰队的中央。战场上又一次形成了对英国舰队有利的"T"字行作战态势。德国"公海舰队"再度处于背向日落的方向,其轮廓清晰可见,而英国主力舰队仍隐没在烟雾之中。英国战列舰在7200米的距离开炮,德国军舰看不到英国军舰,只看到远方炮口处的闪光。舍尔眼见德国"公海舰队"又一次陷入危急之境,立即下令施放烟幕和鱼雷,作"死亡冲锋"。

第五章
都是胜利者

★这次撤退，他多少有些慌乱。如果杰利科抓住这次机会全军追击——这是极为诱人的想法，但杰利科没有。因为杰利科总是用情况不明来杜绝一切轻进冒险的企图。黑夜将至，可视度急剧下降，更严重的是，德国轻型巡洋舰施放的厚重烟幕有效掩护了德国"公海舰队"。

★在半小时后，惊魂未定的"卡斯特"号轻型巡洋舰才用无线电将交火过程报告给"铁公爵"号战列舰，但它既没有讲自己的方位，也没提到德国军舰的航向。波迭克则将那些情况详尽地报告给了舍尔，然后继续埋头向合恩礁前进。

★就战术而言，德国人的确是这场海战的胜利者。德国"公海舰队"向强大的英国皇家海军主力舰队发起了勇猛的挑战，希佩尔舰队重创了贝蒂舰队，舍尔准确的判断和优良的航海技术，使他成功地摆脱了占极大优势的杰利科的追击。然而就战略而言，德国海军没能打破英国的海上封锁，北海的制海权仍然被英国海军牢牢掌握，德国"公海舰队"困在港内毫无作用，仍然是一支"存在舰队"。

1. 截杀"公海舰队"

此时，4艘德国战列巡洋舰距离英国"巨人"号战列舰只有7040米远。在这个距离上最厚的装甲也形同薄纸。19点17分，他们接到"腓特烈大帝"号战列舰的旗语，开始攻击英国舰列的前卫。哈托克舰长指挥"德弗林格尔"号战列巡洋舰开始向东南方转去，与对方平行前进。就在转弯时，"冯·德·塔恩"号战列巡洋舰的舰桥后部被击中，飞舞的弹片扎进观测室，第三枪炮官和测距仪旁边的官兵当即阵亡。

同样的悲剧在每艘德国战列巡洋舰上重复着。19点40分，当他们确定主力舰队成功转向后，第1侦察舰队已经被炸成废铁一堆。

"德弗林格尔"号战列巡洋舰共计中10发381毫米炮弹，1发343毫米炮弹，10发305毫米炮弹，火势近1个小时才得到控制。"塞德利茨"号战列巡洋舰中8发381毫米炮弹，6发343毫米炮弹，8发305毫米炮弹，1枚鱼雷；仅剩下1个炮塔——就算这样，它们还是保持纪律和编队前进。

19点18分，德国战列舰开始艰难转身。根据德国记录，"第5战列舰分队以极其缓慢的速度依次转向，有些甚至紧靠着齐头并进"。在舰长们的叫骂声和锅炉房翻腾的蒸汽共同努力下，居然没

第五章 都是胜利者

德国战舰搁浅后，露在水面的前主炮、桅杆、烟囱等

有发生碰撞。

指挥第 1 战列舰分队的施密特不等后面的战列舰转向完毕，就下令旗舰"东弗利斯兰"号战列舰前行后转以加快进程。更前面的"皇帝"号战列舰不得不向右舷开进以腾出空间掩护它转向，后面的"柳特波德摄政王"号战列舰又高速插上，与"皇帝"号战列舰擦过。舍尔的"腓特烈大帝"号战列舰带头向左舷转向，好让前方战列舰有转身空间；"国王"号战列舰在往前挪，尽量释放烟幕掩护后面的第 5 战列舰分队，而它自己被密集的跨射弹所覆盖。一发 381 毫米炮弹命中了"赫尔戈兰"号战列舰的前部装甲板，凿开直径 5 米的大洞，灌进近 80 吨海水，碎片四溅，击坏了左舷最前端的 150 毫米副炮。"国王"号在转向瞬间被英国"铁公爵"号战列舰射出的一发 343 毫米炮弹击中，后部几个舱室中立即充满了致命的毒气。"腓特烈大帝"号战列舰在短短 2 分钟内被大口径炮弹命中 4 发。

最痛苦的 10 分钟过去后，德国"公海舰队"终于掉过头来向西开去，躲过了开战以来最大的危机。英国军舰的炮声逐渐平息，但贝蒂舰队依然不紧不慢地跟着。到 19 点 35 分，他们也脱离了战斗。

至此，舍尔已经无力招架。这次撤退，他多少有些慌乱。如果杰利科抓住这次机会全军追击——这是极为诱人的想法，但杰利科没有。因为杰利科总是用情况不明来杜绝一切轻进冒险的企图。黑夜将至，可视度急剧下降，更严重的是，德国轻型巡洋舰施放的厚重烟幕有效掩护了德国"公海舰队"。杰利科认为，德国人依然近在咫尺。19点32分，他发信号给第4轻型巡洋舰队："保持距离，不要离敌人太近。"

这时，负责殿后的希佩尔舰队已经远在9海里外，以19节航速快速撤退中。这次他们是一心一意，绝不回头了。

德国的鱼雷艇蜂拥而至，接应伤痕累累的战列巡洋舰脱离战斗。在此前的战斗中，他们已经累计发射过50枚鱼雷，此时有6艘鱼雷艇正在掩护"吕佐夫"号战列巡洋舰撤退。剩下的6艘鱼雷艇还有224枚鱼雷可供使用，分多个波次发动攻击。

19点15分，德国第6鱼雷艇队前出突击，结果迎面撞上了英国24艘无畏舰排成的铁幕。在接近到7040米时，当先的"G-41"号鱼雷艇被一发152毫米炮弹击中舰桥，4人负伤。不久，"G-86"号鱼雷艇也被一发大口径炮弹命中。艇长受伤，通讯室和舵机舱损坏，前部油舱也被击穿。第6鱼雷艇队的指挥官下令依次转向。他们共向"乔治五世"号战列舰带领英国第1战列舰队发射11枚鱼雷。英国人成功地避开了。德国第6鱼雷艇队边打边撤，"G-41"号鱼雷艇和"G-86"号鱼雷艇的航速降到25节，但还勉强可以跟上舰队行动。

稍靠北方的第9鱼雷艇队没这么好运，钻过烟幕后撞上英国舰队的猛烈射击，带头的"V-28"号鱼雷艇首当其冲，被152毫米炮

海战中的英国本土舰队

弹击中舰桥，此时它的鱼雷管发生故障，只射出一枚。"S-51"号鱼雷艇和"S-36"号鱼雷艇也只有发射一枚鱼雷。后面的"V-52"号鱼雷艇射出两枚，其余各艇射出所有3枚鱼雷。此"S-35"号鱼雷艇被一发大口径炮弹击中中部，断成两截沉没。

19点30分，"S-51"号鱼雷艇也被击中，一个锅炉和转向装置受损。"V-28"号鱼雷艇也被击中，舰首水线附近被撕开一个大口子，速度降至19节。满眼的黑烟和水柱使鱼雷艇无法确认成果，第9鱼雷艇队指挥官只好下令转向撤退。

19点23分，战列舰队已经开始转向，德国第3大队的5枚鱼雷艇在钻过巨舰间的缝隙，沿着前两个鱼雷艇队布下的烟幕边缘向北开去。钻出浓烟后，他们没找到任何英国战列舰，于是继续南下搜索英国军舰，迎上了英国第12驱逐舰队。

在混乱中，"S-54"号鱼雷艇依稀看到了英国战舰的背影，在9144米距离发射一枚鱼雷，但未能命中。

此刻，第5鱼雷艇队还在整个德国舰队的西侧。第7鱼雷艇队的指挥官冯·科赫决定保持当前位置，因为即使赶去战场也为时已晚。而海因克尔则指挥第5鱼雷艇队急急开去。直到19点50分，他们才越过烟幕，只能遥望见殿后的英国轻型舰艇。不久后，第5鱼雷艇队转向西南脱离战场。

在更南方的地方，"雷根斯堡"号轻型巡洋舰率领的第2鱼雷艇队的10艘鱼雷艇加上第6鱼雷艇队的3艘鱼雷艇正越过战列巡洋舰，打算发动鱼雷攻击。指挥官海因里希注意到英国舰列的炮火逐渐减弱，认为对方可能正在转向。

他的判断很准确。19点22分，杰利科下令向左舷。19点33分，已经被击伤的"马尔巴罗"号战列舰发现右舷有3枚鱼雷轨迹，于是它先向右舷再向左舷转向规避，第一枚鱼雷从舰首过去，第二枚从舰尾过去，第三枚从舰底穿过没有爆炸。跟在后面的"复仇"号战列舰、"大力神"号战列舰和"阿金库尔"号战列舰同样转向规避两枚鱼雷，第5战列舰队的"巨人"号战列舰、"铁公爵"号战列舰和"雷鸣者"号战列舰也做出类似动作。

十分钟后，杰利科相信已经摆脱了鱼雷威胁，重新下令右舷转过5°。就这样，宝贵的几分钟过去了，英国舰炮暂时沉寂下来。

德国主力舰队高速向西拉开 2743 米距离。根据计算，用转向回避鱼雷比正面冲向鱼雷，被命中概率要小 30% 左右。实际上当时海面平静，战列舰冲上前去规避鱼雷也来得及。

不过，英国舰队占有较大优势——他们已经挡住了德国人的退路。现在冲进烟幕或许可以结果希佩尔的战列巡洋舰，不用急在一时，杰利科这么想。19 点 35 分，他下令：单列纵队前进，方向由南转西。而舍尔此刻正下令方向由西转西南。19 点 40 分，他又被贝蒂发现了。

根据"雄狮"号战列巡洋舰的报告："敌舰西北偏西，距离 9 海里。"杰利科推算出贝蒂距离主力舰队 6 海里远（实际只有 2 海里）。到 20 点时，舍尔和杰利科之间的距离已经拉开至 13 海里。英国舰

一战时的德国驱逐舰

队虽然往西前进，但为了照顾受伤的"马尔巴罗"号战列舰，他们航速只有17节。

19点47分，贝蒂已经与英军舰队主力拉开了15公里，突然发报："紧急，让战列舰队前卫快跟上，我们可以拦截德国舰队。"杰伦的8艘战列舰奉命加速赶去，但贝蒂忘记通报他此刻的方位，而杰利科也没问。于是，第2战列舰队朝着贝蒂舰队19点40分的位置开去，结果离正确的方向越来越远。

不久，德国舰队开始南下，被贝蒂舰队前面的"卡利欧柏"号轻型巡洋舰于20点09分重新发现。他们保持平行，接近到8457米时，英国"卡利欧柏"号轻型巡洋舰发射一枚鱼雷。

德国战列舰立即开火，近失弹使"卡利欧柏"号轻型巡洋舰的鱼雷管进水损坏。"卡利欧柏"号轻型巡洋舰稍向后退，与友舰会合，走着"之"字形继续跟踪德国"公海舰队"。德国"公海舰队"中的2艘恺撒级战列舰和1艘赫尔戈兰级战列舰向他们开火，持续了10分钟。英国人只好撤退。

另外一边，英国第3轻型巡洋舰队的"法尔茅斯"号轻型巡洋舰发现了波迭克的巡洋舰："20点20分，敌人5艘轻型巡洋舰和3艘战列巡洋舰，西北偏北方向。我们单列前进，在6400米距离几乎同时开火。距离测算过近未能命中，可见度不断衰减，不久脱离接触。"

贝蒂的战列巡洋舰向枪炮密集处赶去。20点23分，看见了他们的老对手。20点26分，英国战舰在8047米距离开火。结果德国"塞德利茨"号战列巡洋舰的最后一个炮塔被打坏，"德弗林格尔"号战列巡洋舰也一样，伤痕累累。

救星终于来了！弗朗兹·马夫的第2战列舰队插到中间，隔开贝蒂舰队的火力。这是德国第2战列舰队首次亮相，6艘前无畏级的老舰开战至今，因为航速慢一直拖在整个德国舰列后面。私下里，它们被称为"5分钟舰"。

到20点35分，它们也频频中弹。双方此刻相距7200米，驱逐舰开始施放烟幕，德国舰队缓缓撤退，20点40分，贝蒂舰队停火。

这次无关紧要的经历却是双方主力舰在这次海战中最后一次交火。

德国第12鱼雷艇队此刻刚刚击退古德诺的轻型巡洋舰。由于贝蒂舰队和英国巡洋舰的压力，舍尔再次下令把航向改为西南。

20点45分，"卡洛林"号轻型巡洋舰和"保皇党人"号轻型巡洋舰引导的英国第2战列舰队开到附近，在逐渐暗淡的暮色中发现弗朗兹·马夫的前无畏舰。两艘巡洋舰立即发射了鱼雷。但率领第1战列舰队的杰伦毫无动静，拒绝开火。

稍后面第2战列舰队的"猎户座"号战列舰也看到这一幕。当信号官催促指挥官拉弗森："长官，如果现在离开舰列去攻击的话，您的名字将同纳尔逊一样响亮。"英国高级指挥官似乎普遍欠缺主动性，拉弗森回答："不，必须跟随第1战列舰队行动。"于是，机会就这样被浪费了。

21点，杰利科最后核实了一次情报。从舰列两端接战的情况，他可以推测出德国舰队的位置和航向。双方基本保持平行向西南开去，舍尔想必也很清楚这点。

双方主力舰队的先导舰英国"乔治五世"号战列舰和德国"威斯特法伦"号战列舰相距只有8000米！这一方面是因为杰伦的迟疑，另一方面杰利科本人也没有夜战的打算。他认为："夜间大规模主力舰行动将是灾难性的，对方有数量如此庞大的驱逐舰，在黑暗中也难以分辨敌我，夜战只能是碰运气的行为。"

杰利科开始计算，德国舰队有3条可能的撤退路线，首先是直冲合恩礁，沿着丹麦海岸线回港；第二是穿过德国湾的雷场（英国人在雷场中保留着一条通道，而德国人的通道是自己扫出来的），第三是向西南绕着雷区边缘顺着荷兰海岸线绕个大圈。

★ 杰利科与舍尔的对决

杰利科担心受到德军鱼雷和水雷的攻击，便没有追击，他打算先将舍尔舰队围堵在返回其本土基地的航线外，待天明之后再一举歼灭。用他的话说，"那将是英国皇家海军的一个精彩的白天"。

舍尔同样明白，如果他的舰队未能在夜间冲出包围，那么天亮之后，他将不可能再有任何希望了。经过仔细分析和推算，舍尔决定转向东南，趁夜从主力舰队的尾部冲杀过去，然后经合恩礁水道返回基地。为此，舍尔把所有能用的驱逐舰都派出去拦截英军主力舰队，掩护德国"公海舰队"突围。按照舍尔的命令，德国驱逐舰拼死一搏，将如狼群一般，从不同的方向袭击英军主力舰队，给英军造成混乱和判断失误，使杰利科摸不清德国舰队在哪个方位。

2. 错失战机

21点41分，贝蒂报告"敌舰西北，航向西南偏西"。这坚定了杰利科的推断，在合恩礁水道有英国潜艇的巡逻线，德国舰队一定打算走荷兰那边的艾莫斯水道，向南绕最远的路。为防万一，杰利科派出"阿布迪尔"号布雷艇去合恩礁的潜艇巡逻线南方布水雷，主力保持航向。

从时间上推算，他们将在凌晨2点开到德国湾雷区入口，在天亮前在荷兰海岸边截住德国"公海舰队"。实际早在贝蒂发报前45分钟，德国舰队已改回西南的航向。舍尔很清楚，现在每向西开出1000米，他就远离基地1000米，"敌人一定会乘着夜晚和烟幕尽全力将我们推往西边，以便在天亮后决战。因此必须在夜间突破封锁线，抢先赶到合恩礁"。他打定主意，不惜代价要走最东面最近的合恩礁。

这次失算抵消了杰利科迄今为止取得的所有优势。尽管海军部此后得到一些有价值的情报，零星的小规模战斗不断爆发，但这些消息都没能传到英国舰队司令那里。

21点17分，"铁公爵"号战列舰发出命令：第二套队列方案。英国战列舰排成4列纵队，每列相隔1000米：最右舷也最接近敌人的由杰伦的"乔治五世"号战列舰率领；第二列带头的是"铁公爵"号战列舰；第三列由"巨人"号战列舰领头；第四列最前的是受伤的"马尔巴罗"号战列舰，落在左舷后方大约3.5海里。

战列舰编队最前面的是第4轻型巡洋舰队，古德诺的第2轻型巡洋舰队尽量向西搜索，保持与德国舰队的距离。在西南偏西13海里的地方是6艘战列巡洋舰，防备德国军舰向南突破。

几乎赶上德国舰队的英国舰队

贝蒂舰队没有在夜战中发挥任何作用，"雄狮"号战列巡洋舰这时向"皇家公主"号战列巡洋舰发探照灯信号："开始进行灯光识别测试，假设德国舰队失去踪迹，向我发信号。"德国第2侦察队的轻型巡洋舰就在2海里外，波迭克头脑冷静："别发射鱼雷，注意隐藏！"然后，他赶紧将这套识别信号通报全舰队，在此后的摸黑逃脱中起到了不少作用。

德国水手装填鱼雷

在英国战列舰后方 4 海里处，左舷到右舷依次是第 12 驱逐舰队、第 10 驱逐舰队、第 9 驱逐舰队、第 13 驱逐舰队、第 4 驱逐舰队和第 11 驱逐舰队，纵深配置。他们的任务是为战列舰群提供防鱼雷屏障，同时阻止德国主力舰只可能的突破企图。这道命令显然很含糊，德国的鱼雷艇总是集中在主力舰周围，得以随时掌握战况发展。而杰利科却把指挥权下放给舰长，没有考虑舰长们的个人素质。因此在 5 月 31 日夜间的战斗中，每个驱逐舰队各行其是，散乱无方。

深黑的夜晚，英国皇家海军的大编队以 17 节航速向南开去。其实，在右舷 7～8 海里处便是德国"公海舰队"。它航速 16 节，耐心等待着突破的机会。

德国人异常冷静，全舰队单列前进，打头的是"威斯特法伦"号战列舰带领的第 1 战列舰队，然后是第 2 战列舰队的 6 艘前无畏舰，最后是第 3 战列舰队。战列巡洋舰在后，"德弗林格尔"号战列巡洋舰和"冯·德·塔恩"号战列巡洋舰勉强能跟上战列舰队。由于此前数次变动航向，"塞德利茨"号战列巡洋舰和"毛奇"号战列巡洋舰无法赶到整个舰队前面充当前卫，它们与第 2 侦察队的"法兰克福"号轻型巡洋舰和"皮劳"号轻型巡洋舰遥遥落在主力的左后方，更远处是重伤的"吕佐夫"号战列巡洋舰，舰员在尽最后一份努力阻止它下沉。

由于英国舰队航速快些，在 21 点 30 分，贝蒂实际已经堵住德舰前进方向。不过，双方都是满眼漆黑，倒也相安无事。

15分钟后，舍尔推算整个英国舰队都已经跑到前面，下令朝东方转向，准备突破。

第一次遭遇战发生在21点50分，德国第7鱼雷艇队遇到了英国第4驱逐舰队。当时英国驱逐舰刚刚进入英国皇家海军本土舰队后方4海里的预定位置，9艘德国鱼雷艇就从西北方以17节航速接近。此时，英国人正打算向南方转向，舰桥上大多数人都注意着友舰的位置，防止与自己人相撞。而德国人将英国驱逐舰误认为盟军，直到接近至457米距离时，领先的"S-24"号鱼雷艇发出灯光识别信号，没有得到答复，德国人才决定攻击。"S-24"号鱼雷艇、"S-16"号鱼雷艇、"S-18"号鱼雷艇和"S-15"号鱼雷艇各自发射了一枚鱼雷。英国舰队刚刚完成转向，这些鱼雷擦着最末尾的"加兰德"号驱逐舰的尾巴过去。警觉过来的英国人开始还击。考虑到自己的目标应该是战列舰，不应该与驱逐舰缠斗从而暴露方位，任由德国鱼雷艇掉头离去，消失在黑暗中。

第二次遭遇战差不多同时发生，德国的"法兰克福"号轻型巡洋舰和"皮劳"号轻型巡洋舰发现了"卡斯特"号轻型巡洋舰带领的英国第11驱逐舰队。距离1097米时，他们在黑暗中射出了2枚鱼雷，然后没开探照灯悄悄离去。而英国人对此一无所知，英国第11驱逐舰队向东北方开去。

22点15分，"卡斯特"号轻型巡洋舰发现右舷有几个模糊舰影，于是发送灯光识别信号。其实，那是德国的"汉堡"号轻型巡洋舰和"埃尔平"号轻型巡洋舰，得到的回答半对半错。"卡斯特"号轻型巡洋舰接近到1005米距离试图确认。但德国巡洋舰突然探照灯全开，罩住"卡斯特"号轻型巡洋舰猛烈开火。

英国巡洋舰迅速还击，双方互有伤亡，但不久"卡斯特"号轻型巡洋舰的摩托艇被击中，开始起火燃烧，成为黑夜中醒目的标靶。于是，"卡斯特"号轻型巡洋舰只能带着弹孔急急逃走。

在这次短促的交火中，英国"卡斯特"号轻型巡洋舰中弹7次，12人阵亡，23人负伤。德国"汉堡"号轻型巡洋舰的无线电天线被打飞，后烟囱，左舷引擎室和煤舱被打穿，3个锅炉工和三号炮

鱼雷发射瞬间

塔的炮手严重受伤。

在转向前,"卡斯特"号轻型巡洋舰胡乱射出了一枚鱼雷,紧跟着的"马恩"号驱逐舰和"魔术"号驱逐舰也各自射出鱼雷,其中一枚擦着"埃尔平"号轻型巡洋舰的舰底过去,但引信失效未能爆炸。

其他的英国驱逐舰被"卡斯特"号轻型巡洋舰的火光照花了眼睛。不少人还以为被友舰误射了,因此不敢发射鱼雷,也没有继续接近确认攻击。

很显然,英国驱逐舰认为,保持队形在天亮后继续战斗更加重要,为此他们宁可放弃夜间取得战果的机会。在半小时后,惊魂未定的"卡斯特"号轻型巡洋舰才用无线电将交火过程报告"铁公爵"号战列舰,但它既没有讲到自己的方位,也没提到德国军舰的航向。波迭克则将那些情况详尽地报告给了舍尔,然后继续埋头向合恩礁前进。

第三次遭遇战发生在22点。德国"毛奇"号战列巡洋舰和"塞德利茨"号战列巡洋舰匆匆忙忙地从第4侦察队前面开过。当头的"斯特丁"号轻型巡洋舰被迫减速防止相撞,后面的"慕尼黑"号轻型巡洋舰、"弗劳恩洛布"号轻型巡洋舰和"斯图加特"号轻型巡洋舰赶紧向左舷转向。这次意外的改变航向,使他们突然撞上古德诺的德国第2轻型巡洋舰队,第2轻型巡洋舰队当时正向东南方开进。

第五章 都是胜利者

德国人打出识别信号后,英国轻型巡洋舰用猛烈的炮火回敬。于是,双方相隔720米乱斗不已。在这样近的距离上,双方又都亮着探照灯,因此双方炮击的命中率都很高。当头的"南安普顿"号轻型巡洋舰和"都柏林"号轻型巡洋舰处在交叉火力中央,短时间内挨了好几发105毫米炮弹,后面的"诺丁汉"号轻型巡洋舰和"伯明翰"号轻型巡洋舰见此,关上探照灯,悄悄地射击。

坐镇"斯特丁"号轻型巡洋舰的指挥官冯·吕特下令发射鱼雷,但就在掉转舰首的瞬间,"斯特丁"号轻型巡洋舰中弹两发,探照灯和一座炮塔被打坏,更要命的是汽笛的蒸汽管被弹片撕开。于是,全舰罩在一片白茫茫的蒸汽中。不得已,"斯特丁"号轻型

军舰沉没前,舰员被迫弃舰撤退

巡洋舰只能向右舷转向撤离，打算把英国人引诱到"毛奇"号战列巡洋舰和"塞德利茨"号战列巡洋舰的射程中。

"慕尼黑"号轻型巡洋舰挨了两炮。"汉堡"号轻型巡洋舰只挨了一炮，不过弹片四射，前烟囱探照灯附近的10名信号员全部阵亡，舰长和其他一些舰桥上的军官负伤。"埃尔平"号轻型巡洋舰中弹一发，电报室全灭，4人阵亡，14人负伤。

这次惨烈的遭遇战很快就收场了。浑身着火的"南安普顿"号轻型巡洋舰和"都柏林"号轻型巡洋舰匆匆后撤。德国巡洋舰朝相反方向开去。就在双方快要脱离接触时，一声巨大的爆炸传来，橘红色的火光照亮了战场。那是德国"弗劳恩洛布"号轻型巡洋舰被"南安普顿"号轻型巡洋舰射出的一枚鱼雷命中。

根据德国官方记载："电灯全部熄灭，弹药升降机停止，全舰急速向左舷倾覆，以至炮弹从炮塔里掉出来，落在后甲板上引起火灾。侧舷四号炮塔在斯密迪指挥下坚持战斗，炮手们站在齐腰的海水中射击，直到海水将炮塔淹没。舰长、11名军官和308名官兵消失在北海的波涛中，恪守着他们对祖国的誓言。"

紧跟其后的"斯图加特"号轻型巡洋舰急速右转舵，暂时与第4轻型巡洋舰队脱离了接触。不久后，它加入了第1战列舰队的阵列。"毛奇"号战列巡洋舰以22节高速从后方直冲上来，越过"汉堡"号轻型巡洋舰的舰首，迫使"汉堡"号轻型巡洋舰急速转向。"塞德利茨"号战列巡洋舰因此没法看到"毛奇"号战列巡洋舰的尾灯，在黑暗中与希佩尔失去联系，只得独自向合恩礁突围。

此时，古德诺的第 2 轻型巡洋舰队也忙着损管堵漏。"南安普顿"号轻型巡洋舰的探照灯和舰炮差不多全坏了，35 人阵亡，41 人负伤。"都柏林"号轻型巡洋舰的伤亡数字稍低，但甲板上火头处处，电台损坏，与主力失去了联系，航海长阵亡，因此不清楚自己位置，直到次日早上 10 点才重新归队。

在一小时后，古德诺向旗舰报告这次交火。此时，杰利科正处

第一次世界大战中苦中作乐的英国士兵

于极度为难中，伦敦海军部刚刚送来他们最新监听到的情报："德国舰队 21 点 14 分开始转向东南偏南，速度 16 节。"这些情报是 40 号房间的密码专家从先前舍尔与母港之间三份加密电报中破译出来的，结合 21 点钟时他们掌握的德国舰队位置，不难看出对方正试图越过英国皇家海军本土舰队的尾部，开往合恩礁。此时英国人离丹麦海岸更近，赶过去还来得及。但杰利科犹豫了，从炮声的方向来看，德国人毫无疑问还在自己西北方。

不管怎样，午夜将近。杰利科用望远镜看着编队后方的火光和爆炸，都是一些轻型舰只试图突破，小规模交战的报告也证实了这一点。看来德国大军舰还在西面被围得好好的。于是，他放心地离开舰桥，回到舰桥后部的舱室睡了一会儿，准备等天亮后再战。

★ 两小时延误的原因

其实，伦敦海军部忽略了一些情报：21 点 06 分，舍尔发报要求天亮后立即派飞艇侦察合恩礁水道，这条消息在 1 小时 30 分钟内重复 6 次之多；23 点 15 分舍尔命令第 1 鱼雷舰队准备在合恩礁海域重新集结；23 点 50 分的电报甚至暴露了德国舰队的位置。所有这一切都被忽略了，因为远在伦敦的海军参谋长奥利弗同样认为大规模夜战不可能爆发，已经上床睡觉！而值班的官员根本没意识到这些情报的重要性。

3. 绝处逢生

英国人大意，可德国人相当谨慎。双方主力正沿着一个"V"字的两条边向底部前进。在此前，舍尔接到的报告中并没任何英国战列舰的消息。他下令先头的第2战列舰队后撤充当后卫，将速度减至16节；命令后卫推进成为前锋，速度增至17节。于是，英国人先到达交汇点。两支舰队就此错过，相差只有几分钟。或许是天意，或许是人为，"V"字的两边继续延伸，成为"X"，而双方当事人对此一无所知。

23点20分，夜间最大规模的第四次遭遇战开始了。

英国驱逐舰被鱼雷击中后，侧翻沉没

英国第4驱逐舰队发现西方出现了模糊舰影。于是，温透尔下令"提帕瑞"号驱逐舰上前确认。接近至914米时，德国战列舰开火了。先导的"威斯特法伦"号战列舰打开探照灯，在短短数分钟内快速发射了92发150毫米炮弹和45发88毫米炮弹。

跟在后面的"拿骚"号战列舰、"莱茵兰"号战列舰、"罗斯托克"号轻型巡洋舰、"汉堡"号轻型巡洋舰和"埃尔平"号轻型巡洋舰号依次开火，"斯图加特"号轻型巡洋舰则前出侦察，用探照灯为战列舰指示目标。"提帕瑞"号驱逐舰唯一的幸存者威伦·帕勒回忆："他们突然开火，命中本舰前部。我用后甲板炮还击，不久蒸汽管被打坏，满眼都是白茫茫的蒸汽。有人在混乱中发射了右舷的两枚鱼雷。当蒸汽散开后，我发现中部所有人都死了，前炮塔的弹药在爆炸，一个接着一个。"

一小时后"提帕瑞"号驱逐舰沉没，紧跟在它后面的是"喷火"号驱逐舰，特拉威尼下令向右舷转弯，同时用它的102毫米炮向对方探照灯射击。这个决定是正确的。先头的3艘德国战列舰的前部烟囱大多被击中，弹片和碎玻璃割伤了不少人，"威斯特法伦"号战列舰信号台上1人阵亡，包括舰长在内7人受伤。"拿骚"号战列舰有11人阵亡，"莱茵兰"号战列舰10人阵亡，12人负伤。

此时，"喷火"号驱逐舰已经接近到距离对方411米的位置时，被炮火、探照灯和友舰的大火照花了眼睛。它突然发现德国战舰正直冲而来。"我们向对方巡洋舰的探照灯打了几发，于是它熄灭了。

"拿骚"号战列舰

靠近'提帕瑞'号驱逐舰的残骸时眼前突然出现两艘巡洋舰,航向东南。比较接近的那艘掉头向我们撞来。于是我扣紧头盔,在一个左满舵后碰撞发生了,头对头,舷对舷。左边 15 米长的装甲被撞飞,作为交换,它也把 6 米长的一条装甲板留在这边甲板上,油漆很厚,我想那一定是个刚下水的新家伙。我们的舰桥、探照灯架全部塌了,桅杆、烟囱统统折断,汽艇、舢板一并刮走。"特拉威尼上尉回忆道。

那时,"拿骚"号战列舰的前炮塔缓缓转过来,在零距离上打出两发 280 毫米炮弹,幸好只擦过"喷火"号驱逐舰的上部建筑,倒是爆炸的气浪将舰桥彻底吹跑,许多人被抛起落到海里,三分之一的甲板扭曲得面目全非。于是,"喷火"号驱逐舰的航速降到 6 节,但只有 6 人死亡。而"拿骚"号战列舰侧舷的一门 150 毫米副

德国海军鱼雷发射器

炮被撞坏，水线上方也被拉开2.8米长的口子，速度暂时降到15节。

此时，德国巡洋舰正处在一种尴尬的位置：英国驱逐舰已经依次射出鱼雷，当他们向右舷转向规避时，又要避过己方的战列舰。"罗斯托克"号轻型巡洋舰很狼狈地从"拿骚"号战列舰和"莱茵兰"号战列舰之间穿过去，跟在后面的"S-32"号鱼雷艇。在混战中，"S-32"号鱼雷艇被两发炮弹击中，一发撕开了蒸汽管，另一发在舰桥爆炸，"S-32"号鱼雷艇丧失动力。直到第二天0点30分，它才恢复动力，使用海水烧锅炉，摸着丹麦海岸线勉强跑回港。

根据英国战史记载，"埃尔平"号轻型巡洋舰在此前已经被

"喷火"号驱逐舰命中一发鱼雷,但德国方面没有承认。此时,它被前面的"斯图加特"号轻型巡洋舰所阻挡,不得不冒险穿过"波森"号战列舰的舰首。这种意图被"波森"号战列舰误解了,等发觉时为时已晚。舰长恩格哈特下令急速右满舵,但碰撞还是发生了——"埃尔平"号轻型巡洋舰水线下方被撕裂,两个引擎室进水,发电机和转向机构损坏,向右舷倾侧18°,彻底丧失战斗力。"埃尔平"号轻型巡洋舰于凌晨3点沉没,4人死亡。

英国第4驱逐舰队剩下的舰只掉头向南方寻找主力舰队,但很倒霉地又撞上德国舰队。一艘驱逐舰至少中了9发大口径炮弹,当即起火爆炸。另一艘驱逐舰和德国的一艘鱼雷艇,在忙不迭转身逃走时,与己方的一艘驱逐舰相撞。在短短几分钟后,这艘驱逐舰就成了一堆残骸,舰桥和电报室被炸飞,引擎损坏,更严重的是转向轮被锁死,向左舷转时,后面的一艘驱逐舰又避之不及,被它的舰首插中中部,共有23名水手被抛出甲板,这两艘驱逐舰就这么黏在一起,动弹不得。

此时,后面的英国驱逐舰阵形大乱,纷纷转向规避。其中跟得最紧的一艘驱逐舰躲闪不及,一头撞了上去。这次撞击倒是把三艘驱逐舰分开了,但这艘倒霉的驱逐舰于次日自沉,6人阵亡。

而此时,一艘驱逐舰发射鱼雷击中德国"罗斯托克"号轻型巡洋舰,炮弹在"罗斯托克"号轻型巡洋舰锅炉房附近炸开,导致"罗斯托克"号轻型巡洋舰两台轮机停转,电力中断,转向装置失灵，差点撞上旁边的鱼雷艇。"罗斯托克"号轻型巡洋舰的两个锅炉房和5个煤舱被灌进了930吨海水，向左倾15°。此后，"罗斯托克"号轻型巡洋舰一路向东南方航行，脱离战斗，要不时停下来抽水，才能保持平衡。

0点，德国"威斯特法伦"号战列舰、"法兰克福"号轻型巡洋舰、"皮劳"号轻型巡洋舰发现跟在他们后方英国驱逐舰的模糊舰影，互相交换信号后，三艘德舰对准其中一艘英国驱逐舰，集中开火，仅一个齐射，就将这艘倒霉的英国驱逐舰打成一摊废铁。

德国"莱茵兰"号战列舰、"波森"号战列舰、"奥尔登堡"号战列舰和"赫尔戈兰"号战列舰相继开火，炮弹像冰雹一样向

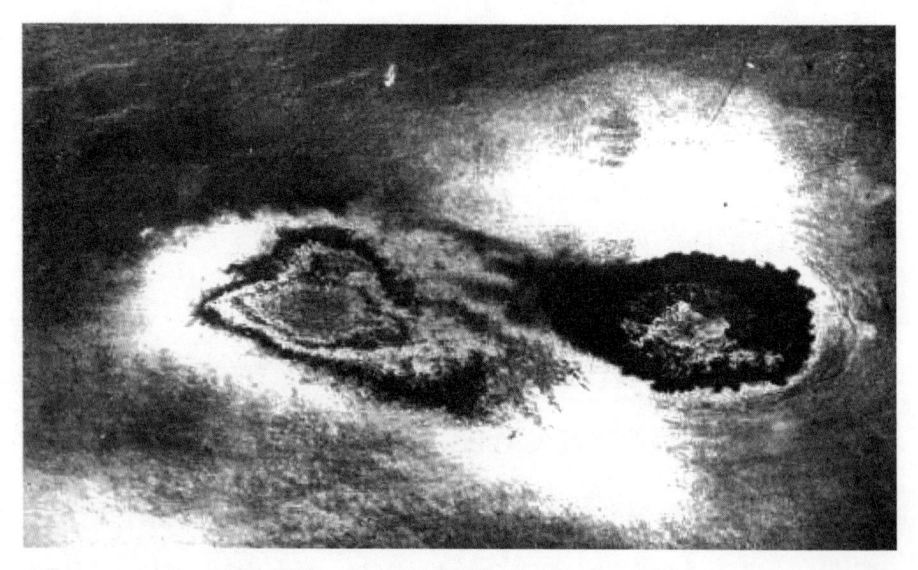

英国驱逐舰沉没后，在海上留下巨大的漩涡

英舰砸去，英舰利用航速快的优势，一边躲闪，一边奋起还击，其中一艘驱逐舰发炮击中"奥尔登堡"号战列舰的舰桥，霍夫纳舰长被探照灯的碎片击伤，挣扎着把住舵轮，避免了与友舰相撞的危险。

此时，英国又有一艘驱逐舰被一发大口径炮弹命中，转向机构损坏，不得不脱离战斗，于是，英国第4驱逐舰队只剩下3艘驱逐舰还完好无损。其中2艘驱逐舰已成惊弓之鸟，匆忙中发现北方有德国巡洋舰接近，匆匆向东南撤离。实际上，那是英国自己的"黑王子"号装甲巡洋舰，自从"防御"装甲巡洋舰和"武士"号装甲巡洋舰沉没后，它就一直勉强跟在主力后面。

"拿骚"号战列舰和"图林根"号战列舰同时发现了"黑王子"号装甲巡洋舰，发出识别信号后，发现对方企图向东逃跑。0点，距离1000米，"图林根"号战列舰开火了。"黑王子"号装甲巡洋舰顿时中弹。很快，"东弗利斯兰"号战列舰也开火了。0点10分，"拿骚"号战列舰也加入行列。0点15分，"腓特烈大帝"号战列舰也看到了这个大火把。在短短4分钟内"黑王子"号装甲巡洋舰沉没了，全舰857人无一幸免。

"拿骚"号战列舰开始转向，避过"黑王子"号装甲巡洋舰的残骸，一头撞进第3战列舰队的行列中。"皇帝"号战列舰只得急速右转让位，后来加入第2战列舰队，插在前无畏舰"汉诺威"号战列舰和"黑森"号战列舰之间。

英国第4驱逐舰队只剩下最后一艘驱逐舰了,"黑王子"号装甲巡洋舰沉没前的火光和烟柱将它吸引过去,当它发现是德舰时,距离已不到一海里,开火的还是"威斯特法伦"号战列舰,这艘驱逐舰被德舰用探照灯锁定,直接被命中数发大口径炮弹,仅仅持续了5分钟,这艘英国驱逐舰已毫无还手之力,面目全非。

就这样,英国第4驱逐舰队基本不存在了!他们射出的鱼雷多次迫使德国"公海舰队"的战列舰转向规避,如果这些驱逐舰舰长中有人把交战情形报告杰利科的话,这场苦战可以称为"英雄行为",但现在只能是悲剧。

没有人想到用无线电向上级报告。"马来亚"号战列舰和第5战列舰队就在不到3.5海里的地方。明明看到了这场战斗,"马来亚"号战列舰的主炮向那边转过去,但没有开火。因为前面的"勇敢"号战列舰还没有开火。"勇敢"号战列舰看到了相同的情形,也没有开火,因为更前面的"巴勒姆"号战列舰还没有开火;"巴勒姆"号战列舰舰长伊文·托玛斯同样发现了德国军舰,没有下令开火,因为再前面的"铁公爵"号战列舰没有开火。既然总旗舰都没开火,一定有其原因,大伙儿等等再说。于是,所有战列舰都耐心等着,就是没想到把看到的情况立即报告沉默中的总司令杰利科。

英国人的拖沓在夜战中暴露无遗。早在22点30分,形单影只的德国"毛奇"号战列巡洋舰载着希佩尔向东方突破,英国第2

战列舰队的大多数人都看到了，但既没有射击，也没有通知"铁公爵"号战列舰，德国"毛奇"号战列巡洋舰居然胆战心惊地溜走了。

"塞德利茨"号战列巡洋舰同样在黑暗中乱撞，大约在23点45分，它慌不择路地钻进英国第2战列舰队和第5战列舰队之间一条3海里宽的狭缝。英国"阿金库尔"号战列舰发现了"塞德利茨"号战列巡洋舰。根据英国"阿金库尔"号战列舰舰长记录："我没有命令向它开火，是怕暴露我方舰队位置。"其实当时"塞德利茨"号战列巡洋舰炮塔全灭，电台损坏。用舍尔的话说"只是漂在海上的一具残骸"，已经与德国"公海舰队"失去联系，而"阿金库尔"号战列舰是英国舰队中主炮最多的军舰，拥有整整14门305毫米炮。

第5战列舰队的"巴勒姆"号战列舰离它只有1海里，附近的"马尔巴罗"号战列舰、"复仇"号战列舰和第1驱逐舰队全都看见这艘千疮百孔的"塞德利茨"号战列巡洋舰，但都没有射击。"马尔巴罗"号战列舰的枪炮长圭·罗勒已经下令将炮口对准目标，但距离3657米时，乔治·罗斯舰长一口回绝："不！那多半是我们自己的船。""复仇"号战列舰的舰长同意用侧舷152毫米副炮开火，但当时炮手却在外面观赏驱逐舰的混战，当他们回到炮塔时，"塞德利茨"号战列巡洋舰早已开足马力逃之夭夭。

凌晨0点10分，德国舰队最后面的"雷根斯堡"号轻型巡洋舰发现了侧舷的灰影，舰长派出三艘鱼雷艇去搜救幸存者。在路上，一艘鱼雷艇找到了受重伤的友舰"罗斯托克"号轻型巡洋舰；另两艘鱼雷艇则发现了英国一艘驱逐舰，当时它从头到尾都在燃烧，他们打捞起9名英国水手。在返航时，一艘鱼雷艇左舷前方发现可疑的舰影，发出识别信号后，也没有得到答复。

就在鱼雷艇准备攻击时，一条电报传来："这里是'埃尔平'号轻型巡洋舰，情况严重，请马上靠过来。"但却引来一艘受伤的英国驱逐舰，这艘英舰用仅剩的一门主炮向"埃尔平"号射击，德舰立刻还击，在一阵短促的交火后，英国驱逐舰吃了两发88毫米炮弹，很快丧失了战斗力，掉头逃跑。

德国鱼雷艇见到"埃尔平"号轻型巡洋舰也受到重创，急忙靠近，试图帮助它脱离困境。这时，德国鱼雷艇发现了海上漂浮的一艘英国驱逐舰，显然已经被放弃。当它开炮试图击沉这艘驱逐舰时，炮口的火光暴露了它的位置，引来英国第11驱逐舰队的5艘驱逐舰，它们包抄过来，这两艘鱼雷艇见势不妙，抛弃受伤的"埃尔平"号轻型巡洋舰，向南方逃走了。

凌晨0点15分，德国"公海舰队"的前锋已经与英国皇家海军本土舰队的后卫交错，"威斯特法伦"号战列舰距离"巴勒姆"号战列舰不到3海里。

15分钟后，第5次遭遇战爆发，英国战列舰同样没参加。英国海军第13驱逐舰队的一艘驱逐舰发现右舷约半海里处有几个舰影正向东南方向行驶。双方距离越来越近，英国水手站在甲板上已看到对方舷侧巨大的起重吊架，明显是德国战列舰！

此时德国战列舰打出识别信号灯，两红一白，英国驱逐舰由于白天已经用完所有鱼雷，只能调转航向逃走。这时德舰也发现它们了，由于距离太近，几艘德国战列舰用探照灯锁定英舰，主炮虽来不及发射，但所有副炮开始向英舰射击，顿时，火光冲天，一艘英国驱逐舰前甲板中弹，立刻仗着航速的优势退出战斗。另一艘英国驱逐舰由于冲的太靠前，几乎与德国战列舰相撞，不得不急打转向，在中了几发炮弹后，向东南方向逃走。后面几艘英国驱逐舰就没这么幸运了，不是被德国战列舰发射的大口径炮弹击沉，就是在中弹后很快丧失战斗力。

英国驱逐舰

★ **无畏级战列舰**

1906年2月10日，英国建造的"无畏"号装甲舰开始下水服役。"无畏"号装甲舰是20世纪战列舰的始祖。它的排水量为179000吨，航速21节。武器装备为305毫米火炮10门，分别配置在5座炮塔内，其中3座在艏艉线上，2座在2舷；76毫米炮24门，供抗击鱼雷攻击舰用。它的两舷、炮塔和指挥室的装甲厚达280毫米，还有5具457毫米水下鱼雷发射管，4台螺旋桨推进器。这种军舰是第一种用汽轮机作主机的军舰，是当时世界上最先进和最庞大的战列舰，而且是第一艘全部装备大口径火炮的军舰。"无畏"号装甲舰在1907年开始服役，称霸世界海军达40年之久。

德国获悉英国第一艘无畏舰下水后，1906年修改了海军法案，对原计划建造的在号军舰一律改造成无畏舰。1908年，英国制造出8艘无畏舰，德国造出了7艘。继之而起的战舰航速已达23～26.5节，排水量到22500吨以上，主炮口径达380毫米。这些导致了"大舰巨炮"主义的出现。

4. 谁胜利了

"公海舰队"继续突破，强行挤开英国第9驱逐舰队、第10驱逐舰队、第13驱逐舰队。这些驱逐舰和4海里外的"马尔巴罗"

第五章 都是胜利者

号战列舰同样继续保持无线电缄默。最后一道薄薄的防线是斯塔林率领的第12驱逐舰队。第12驱逐舰队的旗舰在1点55分发现右舷有战列舰出没，便以25节航速从后方45°去接近侦察。

在确认是德舰后，2点钟，双方开始平行前进。2点02分，那艘旗舰发射了第一枚鱼雷，擦着德国舰队第二艘军舰的舰首过去。2分钟后，它发射了第二枚鱼雷。这时，德国人也发现英国编队，战列舰和巡洋舰纷纷靠拢过来。英国一艘驱逐舰被德国"石荷州"号战列舰170毫米副炮击中，另一艘驱逐舰也吃了一发150毫米炮弹。

坐在"波美拉尼亚"号战列舰的博肯上校望着指挥塔外的景象。一路上的炮火、爆炸、探照灯和燃烧的舰艇，便是德国"公海舰队"逃生的航标。瞭望哨走样的声音传来："左舷鱼雷！"时间是凌晨2点13分。第12驱逐舰队的旗舰发出的鱼雷击中目标，撕开了"波墨恩"号战列舰的中部水线下方10毫米的装甲后引爆了170毫米副炮的弹药，内部发生剧烈爆炸，每次爆炸都从舷窗中喷出一团橘红色火焰和黑烟。"波美拉尼亚"号战列舰在连续火光中消失了，舰上839人全部阵亡。

几分钟后，弗朗兹·马夫剩下5艘前无畏舰成功突破最后的包围网："'波美拉尼亚'号战列舰的残骸还在我们身后914米的地方，天太黑看不清，无法营救那些勇敢的水兵。许多年后这件事还沉重地压在我心上，不过当时情况就是这样，我们只能不断向前，别无他路。"

与前面那些英国舰长不同，斯塔林将交火经过打成3份详细报告发给总旗舰。但由于当时电台低劣的传输质量，这些情报并没有送到杰利科手里。此刻即使杰利科反应过来，充其量也只能截住德国"公海舰队"的尾巴而已。

破晓在即，第13驱逐舰队的"冠军"号轻型巡洋舰率领两艘驱逐舰向炮声密集处赶去。因为在东北方向的第12驱逐舰队报告正在交火中。一路上掉队的两艘驱逐舰先后加入。2点30分，天已微亮，他们看到德国战列舰队最后4艘模糊的背影。只有其中一艘驱逐舰发射了一枚鱼雷，却击沉了德国"V-4"号鱼雷艇。他们同样没报告上级，虽然此刻英国人做什么都已经晚了。

德国"德弗林格尔"号战列巡洋舰和"冯·德·塔恩"号战列巡洋舰已经欣喜地看见远处合恩礁的浮标。水手们欢呼起来，"东弗利斯兰"号战列舰此时撞上一颗水雷，是德国布雷艇在三周前布下的，不过只是轻伤。"塞德利茨"号战列巡洋舰至此再也支撑不住，一下坐在赫尔戈兰湾的沙床上。这艘战舰终于保住了，一大堆修理船急匆匆地围拢上来。

至此，舍尔的"大逃亡"圆满成功，付出的代价远比他估计的要小。在整个夜间行动中，德国舰队显得干练利索，只有"吕佐夫"号战列巡洋舰和"罗斯托克"号轻型巡洋舰没能赶上。"罗斯托克"号轻型巡洋舰14人战死，动力全失。凌晨4点25分，

"V-71"号鱼雷艇和"V-73"号鱼雷艇收容完所有水手后，用5枚鱼雷将"罗斯托克"号轻型巡洋舰击沉。

"吕佐夫"号战列巡洋舰的情况严重许多：共计被4发381毫米，12发343毫米和8发305毫米穿甲弹击中，116人战死。活着的人用7小时拼命堵漏试图挽救"吕佐夫"号战列巡洋舰。到1点45分，海水已经淹没了"贝莎"炮塔，甲板差不多完全在水下。他们已经做了所有能做的，最终只能弃舰。1点47分，随行的G38号鱼雷艇打捞起舰员，并用鱼雷将"吕佐夫"号战列巡洋舰击沉。"吕佐夫"号战列巡洋舰沉没的地点北纬56°5′，东经5°53′。

受损后的"吕佐夫"号战列巡洋舰

3点30分，英国"冠军"号轻型巡洋舰遥遥望见德国G38号鱼雷艇，用152毫米炮向它打了几发。这是日德兰海战最后的炮声。不过，"冠军"号轻型巡洋舰很快掉头回航。双方都已经筋疲力尽了，"吕佐夫"号战列巡洋舰的水手带着满身油污和血渍躺在濡湿的甲板上，合上沉重的眼皮，终场的帷幕落下。

北海上，浅灰色晨雾逐渐散去，杰利科回到"铁公爵"号战列舰的舰桥上。驱逐舰开始重新集结编队，战列舰恢复日间巡航队形。3点29分，海军部发来电报，送来不幸但确实的消息：早在一小时前，德国舰队已经在东南方25海里的地方。即便英国皇家海军本土舰队不计后果直接穿过雷区，也追不上舍尔的步子。

撤退中的"马尔巴罗"号战列舰

海战结束后，交战双方都宣称自己是胜利者。此战，英国舰队共损失3艘战列巡洋舰，即"玛丽王后"号战列巡洋舰、"不倦"号战列巡洋舰和"无敌"号战列巡洋舰，3艘装甲巡洋舰，战斗吨位达11.5万吨；德国舰队共损失了1艘老式战列舰、1艘战列巡洋舰——"吕佐夫"号战列巡洋舰、4艘轻型巡洋舰，战斗吨位达6.1万吨。英德双方损失比近2∶1。

就战术而言，德国人的确是这场海战的胜利者。德国"公海舰队"向强大的英国皇家海军主力舰队发起了勇猛的挑战，希佩尔舰队重创了贝蒂舰队，舍尔准确的判断和优良的航海技术，使他成功地摆脱了占极大优势的杰利科的追击。

然而就战略而言，德国海军没能打破英国的海上封锁，北海的制海权仍然被英国海军牢牢掌握，德国"公海舰队"困在港内毫无作用，仍然是一支"存在舰队"。

英国是个拥有大量海外殖民地的海洋帝国。在战争中，殖民地的人力、财富、资源通过海上航线源源不断地供应英国，英国当时有2/3的粮食是从海外进口的。同时，英国掌握着世界上43%商船吨位，承运着世界海运总额半数以上的商品，可以说，英国的财富就在海上。海上交通线的畅通对英国来说就像阳光和空气对生命一样重要，失去了制海权就等于被割断了喉管。强大的主力舰队是维持英国海上权益的基础和关键，是英国生存的保障。

德国虽然也很需要海外的物资，但海上封锁不会立刻杀死德

经典 百年海战大观 日德兰海战

第一次世界大战时，英国远洋物资运输船

国，只是一个慢慢收紧的绞索。海战的胜败关乎英国的国运，英国输不起。即使没有战败，但英国海军在战斗中遭受了巨大的损失，使其相对德国的优势减弱或消失，从而无法完成对德国舰队的封锁，那也是致命的。

第一次世界大战爆发以后，英国主力舰队立刻北上斯卡帕湾封锁德国，这样做一箭双雕，一方面可以阻断德国的海外贸易，破坏敌人的经济和战争潜力；另一方面可以把英国海军最强大的敌人——德国"公海舰队"封锁在港内，使其无法驶入大洋，威胁生命攸关的交通线。所以，英国海军只要能够始终盯着赫尔戈兰湾，不让德国人出来捣乱，英国的战略目标就达成了。

英国虽然没有取得日德兰海战战术上的胜利，但这场海战却决定了整个战争的结局和英国的命运。德国在日德兰大海战中虽然占到了便宜，却无法打破英国的封锁。德国认识到自己与英国舰队的巨大差距，不再尝试舰队战，而是把希望寄托于无限制潜艇战对英国海上航线的袭扰，而这恰恰给予了美国参战的借口。

1918年11月11日，被战争拖得筋疲力尽的德国终于撑不住了，德国代表在投降书上签字。11月21日，德国"公海舰队"成为英国舰队的战利品被押往英国。

第一次世界大战快结束时，在基尔港的德国水兵爆发起义

★ 双方发射的炮弹

德国"公海舰队"第1和第3战列舰队总共发射1904发大口径炮弹，平均每舰119发，每门炮10.9发（携带量为80～90发）；战列巡洋舰共发射1670发大口径炮弹，平均每舰334发，每门炮37.95发（携带量为80～90发）。共计发射大口径炮弹3597发，中口径炮弹3952发，小口径炮弹5300发，大口径炮弹命中确认120发，平均命中率3.33%，中口径和小口径命中107发，平均命中率1.16%。英国战列舰总共发射大口径炮弹4598发，其中有381毫米炮的1239发，平均命中率2.17%。

一艘英国战列舰的主炮正在吊装炮弹